LA PRUSSE ET L'EUROPE

PARIS — IMP. V. GOUPY, RUE GARANCIÈRE, 5.

LA PRUSSE

ET L'EUROPE

PAR

Le Comte ALFRED DE LA GUÉRONNIÈRE

Le respect des engagements est un faible lien pour l'ambition. TACITE.

PARIS
CHARLES DOUNIOL, LIBRAIRE-ÉDITEUR,
RUE DE TOURNON, 29.

1867

LA PRUSSE ET L'EUROPE

La situation qu'a conquise la Prusse est digne de fixer l'attention des gouvernements ; et, en particulier, comme l'ont fait observer les plus importants organes de l'Angleterre, cette transformation de l'Allemagne par l'*Hégémonie* prussienne, intéresse plus la France qu'aucune autre nation. — Exposer avec une fidèle impartialité quelle fut sa politique séculaire à cet égard jusqu'à ce jour ; — définir l'influence que doit exercer cette unification germanique ; — se rendre compte des nécessités qu'elle crée, des modifications qu'elle apporte dans l'équilibre des forces européennes, de nos alliances, du nouveau cours qu'elle trace à notre politique extérieure si étroitement liée aux questions intérieures ; — enfin, peser dans la balance de l'avenir ce qui doit se rencontrer pour nous désormais, de facilités ou d'obstacles, d'auxiliaires pour nous seconder ou d'adversaires pour se mettre à l'encontre de nos aspirations nationales et du programme de la politique impériale; tels sont, sans nul doute, l'œuvre consciencieuse et le devoir du patriotisme. Si comme on l'a dit, avec une incontestable vérité, gouverner, c'est prévoir : pour faciliter cette tâche à ceux auxquels elle incombe, sous le règne du suffrage universel qui appelle la liberté d'examen, sans laquelle le principe du gouvernement des masses ne serait qu'une vaine épitaphe; chacun est tenu d'offrir avec une respectueuse franchise le tribut de ses recherches, de ses observations, de son dévoûment. Un gouvernement éclairé, non-seulement par l'unanimité du langage officiel, mais aussi par la liberté des opinions divergentes recueille, examine et avise. Dans ses manifestations, dans ses rapports avec les grands corps de l'État, dans les mesures qu'il conseille ou propose; il dégage mieux alors la vérité de l'intérêt et de l'honneur de cette France qui n'a jamais hésité ou reculé, toutes les fois qu'il s'est agi de sa gloire ascendante, de sa prépondérance à maintenir. Comme l'a dit, madame de Staël : « Ce patrimoine sacré, qui nous a été transmis, grossi par chaque génération de nos ancêtres, doit être gardé intact et transmis au moins tel à nos successeurs. »

Cet axiome est posé devant tous les grands politiques. Au temps de ces brillantes discussions qui soulevaient le voile de l'avenir, M. de Lamartine s'écriait avant la révolution de 1848, qu'il avait prévue : « En politique ce n'est pas le jour qu'il faut prévoir, mais le lendemain. »

M. Thiers s'inspirait de la même prévoyance dans son beau dernier discours, qui restera comme l'intuition du génie de l'homme d'État, auquel le destin semble avoir ouvert le livre de ses pages mystérieuses. Celui que, du haut du trône, l'Empereur proclamait le grand historien national, a montré une perspicacité, une divination auxquelles, sinon la majorité, du moins les événements, ont rendu hommage.

Il n'appartient pas à un voyageur d'usurper le rôle de l'homme d'État; mais après une étude consciencieuse du pays, objet de l'attention du monde, après s'y être initié par un séjour répété et des rapports avec des hommes éminents, ce voyageur a le droit et le devoir de signaler ce qui s'est dégagé, pour lui, de ce contact qui est la meilleure pierre de touche pour reconnaître la vérité d'une situation.

Comme le disait le fameux comte de Saint-Germain à Louis XV : « Trois sortes d'hommes n'ont pas d'illusion : les voyageurs, les confesseurs et les préfets de police. »

Ancienne Allemagne avant 89 et après 1815.

La lutte de la France a été constante, depuis Henri IV, pour que la maison d'Autriche, à la tête du saint-empire (1) romain, comme on appelait alors l'Allemagne, ne présentât point, à notre préjudice, cette exagération de forces.

L'équilibre est relatif, c'est une proportion à garder ; tel a été le mobile des guerres dans l'ancienne monarchie, comme sous le premier empire. —Le traité de Vienne avait ramené ce grand pays à trente-quatre souverainetés ; cela au plus fort de nos malheurs. — La situation dans laquelle s'établit la Prusse efface désormais le résultat d'un équilibre, en vue duquel tant d'activité séculaire a été dépensée, tant de batailles ont été engagées. Une Alle-

(1) Il se composait de trois cent soixante-seize parties inégales, sans compter quinze cents terres immédiates qui ne relevaient que de l'empereur. Sur ce nombre, deux cent quatre-vingt-seize étaient états de l'Empire. Leur chef était réduit à un bien petit nombre de prérogatives, il ne pouvait exercer les véritables droits souverains, la paix et la guerre, la domination générale qu'avec le concours des états. L'autorité suprême résidait dans la Diète. César Cantu, 17e vol.)

magne coupée en tronçons était impuissante à se coaliser contre la France. Parmi ces souverainetés hétérogènes ayant des buts cachés divers, les unes étaient retenues par la crainte, les autres par des intérêts commerciaux, industriels, qui surbordonnent, surtout les petits gouvernements, à l'intérêt qu'offre aux peuples circonscrits dans d'étroites limites la richesse des marchés d'un puissant voisin qui, par la liberté commerciale, offre un incompable débouché. Ces États moyens où la production déborde le nombre des consommateurs entraînaient leurs gouvernements vers nous, comme le blocus continental les poussait à l'Angleterre. C'est que, sous la force irrésistible des intérêts, les princes sont forcés d'en devenir les réalisateurs. Mais une Prusse qui sera l'Allemagne amènera des déplacements économiques non moins sensibles que celui des forces politiques.

Ce grand corps mutilé de l'Allemagne (on l'a vu à l'hésitation, à la lenteur de la confédération attachée pourtant au drapeau de l'Autriche dans la dernière lutte engageé par la Prusse), était donc radicalement impuissant à s'entendre dans une communauté d'action contre la France, de manière à lui faire échec.

Tel est l'enseignement donné par les faits sous l'émotion desquels le monde est resté. Il y a mieux; c'est que ces traités de 1815 n'étaient plus qu'une ombre, un épouvantail que l'on dressait dans des discours ; ils ne réunissaient, pour remplir le but en vertu duquel ils avaient été édités, ni la foi, ni l'autorité, ni la force virtuelle. — Ils avaient été décomposés, violés. — Éclos sous les passions, la défiance d'un esprit évanoui ; restés védettes égarées montant la garde au delà de notre frontière, sous divers uniformes, ils étaient incapables de faire mouvoir dans le même sentiment, d'entraîner, sous la domination d'un esprit qui avait cessé de leur être commun, ces petites souverainetés partielles dépourvues de la cohésion qui seule pouvait les rendre redoutables. — L'état créé par la chute de l'empire en 1814 était plus une blessure pour notre amour-propre, qu'une menace pour notre sécurité.

Cette date de 1814 nous reporte au congrès de Vienne : outre les provinces rhénanes détachées de l'empire de Napoléon et autres déchirures des frontières de Louis XIV, la Prusse, alors plus modeste qu'aujourd'hui, se bornait à réclamer la Saxe par l'organe du prince de Hardemberg. La Russie, à laquelle elle offrait pour prix de son appui la partie polonaise prussienne, se solidarisait dans ce trafic. M. de Talleyrand, avec son impassible mais sûr regard, vit tout d'abord les conséquences d'une pareille annexion. Une note remise à M. le prince de Metternich témoigne, avec quelle énergie, ce profond diplomate s'inspirant de l'audace au sein de nos défaites, parvint à déjouer ce dessein funeste repoussé par la politique française d'accord avec le droit des gens.

« La question de la Saxe, disait-il, est devenue la question capitale ; car dans aucune autre les deux principes de la légitimité et de l'équilibre ne sont compromis à la fois et à un si haut degré. Pour trouver légitime la disposition que l'on prétend faire de ce royaume, il faudrait tenir pour vrai que les rois peuvent être jugés ; qu'ils peuvent l'être par quiconque veut et peut occuper leurs possessions ; qu'ils peuvent être condamnés sans être écoutés ni défendus ; que leurs familles et leurs peuples sont enveloppés dans leur condamnation ; que la confiscation, bannie du code des nations civilisées, doit, au XIXe siècle, être consacrée par le droit général de l'Europe, comme si la confiscation d'un royaume était moins odieuse que celle d'une chaumière ; que les peuples n'ont aucun droit distinct de ceux de leurs souverains, et peuvent être assimilés aux troupeaux d'un domaine ; que la souveraineté s'acquiert et se perd par le seul fait de la conquête ; en un mot, que tout est légitime pour celui qui est le plus fort.... »

Si la décision a la vertu de fortifier les caractères résolus ; elle a aussi celle de rallier les faibles.

Le prince de Metternich appartenait à la dernière catégorie, lord Castelréagh à la première. La note fut prise en considération. Si le plénipotentiaire français eût hésité, la Prusse gagnait, d'emblée, l'étape à laquelle elle en a réuni tant d'autres sous l'impulsion de M. de Bismark. Alexandre fut surpris de la résistance de Louis XVIII. Il taxa ce roi d'ingratitude et témoigna son déplaisir à M. de Talleyrand; pour frustrer les desseins des deux monarques du nord, la France, l'Angleterre, l'Autriche firent, sous la date du 3 février 1815, un traité d'alliance offensive et défensive, afin d'arrêter dans son essor la politique envahissante de la Prusse et de la Russie.

Sans doute, les ministres et ambassadeurs d'alors ne recevaient pas le grand cordon de l'Aigle-Noir comme témoignage de la satisfaction du cabinet de Berlin. Mais l'histoire les a consacrés dans la gloire et la reconnaissance nationales.

Les rois de Hanovre, de Bavière, furent invités à donner leur adhésion à la convention des trois cours. Ce qui eut lieu immédiatement. Ainsi l'Europe occidentale et méridionale était prête à réprimer les tentatives de l'ambition du nord.

Était-ce là cette politique pusillanime que n'ont pas craint d'accuser des écrivains et orateurs, qui semblent n'avoir aperçu le passé qu'à travers la partialité de l'esprit de parti, cause de leur dénigrement? Il y a des traditions qui sont le patrimoine commun des dynasties successives d'hommes d'État, on n'y forfait pas impunément. Sont-elles méconnues, une perturbation dans les esprits et les intérêts, le doute de l'avenir, des mesures beaucoup plus onéreuses que celles adaptées à l'à-propos des circonstances en sont l'inévitable conséquence !

Ce n'est pas dans les théories éphémères, les utopies que le flot des événements apporte et remporte avec la même facilité, que le progrès et la justice trouvent leur raison d'être et un développement effectif. Sous l'action du temps et la conduite des hommes d'État, la France a constitué sa grandeur et sa puissance en se faisant l'appui du droit et le défenseur des peuples. Ce qui lui convient, c'est d'exercer ce haut protectorat en faveur des gouvernements plus faibles, en faisant de son esprit et de sa vaillante épée, leur recours et leur sauvegarde. Ceci est plus glorieux et plus sûr que de chercher des alliances équivoques et de faire naître des espérances qui sombrent dans l'anéantissement du noble peuple qu'il s'agissait de sauver.

Mais l'état actuel de l'Allemagne sans ce point d'appui qu'offrait l'Autriche à l'équilibre ; la sujétion des princes destitués de la direction militaire ou diplomatique, rançon imposée à leur couronne, sauvée à ce prix seulement ; l'état de l'Europe en désaroi des systèmes de fantaisie ou masques de l'arbitraire substitués aux principes donnant à chacun sa garantie essentielle, l'inconnu des aventures prenant la place des faits réguliers et sanctionnés par l'usage sous la formule des lois internationales; eh bien! tout cet ensemble de forces, d'intérêts divers, de rivalités, d'esprits divergents, permet-il à la perspicacité des plus avisés de désigner avec confiance et précision le but auquel la France doit marcher désormais? Qui peut dire, comme autrefois, dans les exposés parlementaires du ministre dirigeant, les alliances dans lesquelles on peut se rasséréner, les moyens intérieurs et extérieurs que la politique a ménagés de longue main en vue de la prépondérance nationale? — La France ne peut être destinée à se replier sur elle-même pendant que ses voisins du nord, longtemps ses antagonistes, toujours ses rivaux vont au delà de tout ce que le rêve pouvait imaginer. Car la victoire de Sadowa et les mesures que poursuivent l'habileté et l'orgueil de M. de Bismark laissent apparaître la Prusse fière dans le présent, redoutable dans l'avenir. — Elle n'est plus ce long ruban qui s'étendait comme un boyau des frontières de la Russie à celles de la France. — Par les annexions directes et indirectes, elle est l'Allemagne campée, et se constituant à nos portes.

En 1790, des principautés ecclésiastiques, telles que les électorats de Trèves, de Cologne, de Liége, étaient plutôt nos clients que nos adversaires. Ils s'échelonnaient comme les sentinelles françaises de ce mouvement qui, de Strasbourg, grâce aux aspirations de ce qu'on appelait la France rhénane, nous poussait par la pente des temps et des assimilations d'intérêt, à Trèves, Mayence, Cologne. En 1814, les limites de 1792, nous furent laissées. 1815 s'inspira d'une vengeance contre la reprise d'armes de Waterloo. Mais encore ces tronçons d'État étaient un voisinage plus sûr, de plus paisibles gages de la sécurité française que l'empire allemand du Nord élevé sur toutes ces disparitions parcellaires dont il s'est formé.

Ce rapide tableau peut servir à mesurer si les traités de 1815, en s'évanouissant, nous ont fortifié ou desservi ? La réponse à cette question est dans le fait accompli, M. de Bismark a écarté la France de la balance des compensations et équilibre. Dans sa lettre à M. Drouyn de Lhuys, l'Empereur avait déclaré que : « Si l'équilibre européen était rompu et que la carte de l'Europe fût modifiée au profit exclusif d'une grande puissance, lui-même songerait » à étendre ses frontières par les armes si la force morale ne suffisait pas.

Non-seulement, M. de Bismark n'a pas souscrit aux vues impériales ; mais cet implacable Prussien a décliné même une modeste rectification de nos frontières, satisfaction plus historique que politique.

Dans la boîte des surprises que tient cet homme d'État que de nouvelles peuvent en sortir ! Il s'est cru, lui, le droit de tout prendre à son gré, sans laisser à la grande nation qu'il flattait à la veille d'entreprendre la fastique campagne couronnée par Sadowa, la consolation d'effacer même un souvenir blessant.

Napoléon Ier s'écriait à Fontainebleau :

« La France sans frontières (à l'Est), quand elle en avait de si belles; c'est ce qu'il y a de plus poignant dans les humiliations qui s'accumulent sur ma tête. »

N'est-il pas plus étouffant ce cauchemar, quand ces traités de 1815 abhorrés ne sont pas modifiés au profit de la France, mais exclusivement au profit de la Prusse, dans cette dernière conjoncture? Qui pourrait disputer cette évidence?

Avant de caractériser l'œuvre de M. de Bismark, il est bon de le connaître.

Biographie et caractère de M. de Bismark.

En haïssant ses procédés, il faut avouer son génie propice à la Prusse, assurément; mais sans nul doute aussi, bien funeste à l'Autriche et menaçant également pour la sécurité d'autres Etats que ce nouvel aménagement germanique est bien propre à troubler au moins. Ce grand visir prussien, que la grande Catherine eût certes appelé *le cocher de l'Europe* (le mot même ne rend pas la tâche qu'il est en train d'accomplir), a déployé une promptitude égale à son habileté.

Non-seulement il a enveloppé ses profonds desseins dans les prestiges de victoires fabuleuses ; mais encore il a dû se trouver bien surpris et heureux de trouver une école française représentée par une presse puissante, solidarisée dans sa politique de spoliations audacieuses. Sous le masque de l'unité germanique qui a servi de prétexte à cette terrifiante entreprise, il englobe d'abord ce qui constitue *de plano* un empire compact au nord. En outre, il assujettit l'Allemagne. A l'ombre d'une exis-

2

tence laissée aux États qu'il veut bien ne pas effondrer, détruire nominalement, mais qu'il soumet fatalement à son action, à sa discrétion, les grands-ducs et rois sont transformés en préfets prussiens.

Certes, cette machination machiavélique dénote un génie politique de premier ordre. Les scrupules ne le gênent pas; le droit, la pitié, les sacrifices, l'effusion du sang, les contributions arbitraires à prélever sur le travail d'une cité (1) qui n'a pas brûlé une amorce et s'est paisiblement soumise à son envahisseur : rien de tout cela ne trouble, n'arrête, ne modifie les résolutions de cet homme inflexible, comme le destin, auquel, par l'abus de la force habilement dirigée, il a été donné de frapper un des grands coups du siècle, avec une soudaineté dont l'histoire offre à peine un autre exemple.

Oui, c'est très-beau pour la Prusse au point de vue terrestre! Oui, c'est là un trophée fait avec du sang et des ruines qui peuvent exalter les adresses et les poésies prussiennes ! Qu'un Schlegel vienne faire retentir les voix du Parnasse épique à l'unisson des corps officiels, non moins enthousiastes en Prusse qu'ailleurs, on le concevrait. Mais, pour la France, il importe de se bien rendre compte de cette révolution immense accomplie dans l'équilibre européen au préjudice, surtout, de la politique

(1) Voir aux pièces justificatives, Lettre sur Francfort.

pratiquée par Henri IV, Louis XIV, Napoléon ; poursuivie et atteinte avec la rapidité d'un vol d'aigle, par ce génie sombre, audacieux, profond à la fois, qui se nomme le comte de Bismark. Ce protégé de nos prétendus libéraux entre dans la vie publique, il y a quatorze ans, absolutiste exalté ; il était du parti Kreutz qui se signalait par la condamnation des constitutions réputées pour lui, cause des désordres et du malheur des peuples.

— Autre temps, autres mœurs. —

Ce converti au suffrage universel a laissé loin derrière lui, pour l'audacieux mépris avec lequel il a foulé aux pieds la prérogative parlementaire, les Strafford, les Buckingham, les Maupeou. Tout chez homme a été une combinaison de ruse et d'audace. Sa provocation aux rigueurs, suivie d'un traité antipolonais avec la Russie, son entreprise contre le Danemark avec la Confédération, qu'il a enrôlée et frustrée, révèlent et peignent la nature du personnage.

Voilà un caractère qui peut être tenu par la France comme un bon billet des promesses pour l'avenir ! — La contradiction, l'absence de tout principe, se succèdent, changent le langage, les cartes, le visage du joueur, suivant les circonstances, en raison de l'intérêt qu'il poursuit, des complices qu'il a besoin de s'attacher, sauf à les écarter ensuite de son chemin et du partage des dépouilles opimes, après les avoir faits instruments usés de son œuvre. — Un court tableau des faits et gestes les plus saillants ôtera tout doute à cet égard. — Allons, Messieurs Guéroult, Havin, Peyrat, jetez les fleurs de votre éloquence, prodiguez les ressources de vos esprits ingénieux, environnez la lumière des ombres de l'oubli le plus impossible, car l'histoire est là avec ses enseignements pour vous comme pour tous! Vous aussi, rappelez cette éternelle vérité souvent évoquée, « on ne se connaît pas soi-même. » Ah! oui, il n'y a en pas de plus aveugles et de plus sourds que ceux qui ne veulent ni voir ni entendre.

En 1864, pour entraîner l'Autriche dans cette guerre faite injustement au Danemark, malgré les protestations des cabinets et de l'opinion, M. de Bismark lui offrit de la soutenir contre l'Italie, en cas d'attaque sur Venise; dans la même année, il fait une alliance avec l'Italie et combine une double attaque sur l'Autriche, violant ainsi du même coup les traités de Vienne et le pacte fédéral. En janvier 1866, il invite l'Autriche à concerter des mesures contre la révolution, afin d'en finir avec les agitations des meetings de Francfort et d'Altona; en avril, il propose la réorganisation de toute l'Allemagne avec un parlement radical élu par le suffrage universel direct. De même au début, c'est au nom des droits du duc d'Augustembourg que M. de Bismark réclamait du Danemark les duchés de Holstein et de Schleswig, plus tard ce prétendant était frappé d'interdit sous menace d'arrestation et chassé.

Les troupes fédérales de la Saxe et du Hanovre, commises pour l'exécution sont sommées de déménager en laissant le gage commun aux Prussiens, qui y sont restés, eux. L'iniquité coule à pleins bords; mais elle réussit par l'audace, elle saisit sa proie à l'encontre des lois divines et humaines. De quoi faut-il le plus s'étonner, de l'inconsistance de ce protée ou de la duplicité des doctrines et de la perfidie des actes?

L'agrandissement de la Prusse au mépris de tout, voilà ce qui se poursuit! — De fallacieux prétextes, de vaines accusations sont mis en avant. Dès lors, peu importe qu'on sacrifie des innocents, qu'on rançonne de paisibles et inoffensifs citoyens, qu'on ruine le laboureur, qu'on arrête des princes dans leur palais, qu'on dispose des couronnes et des peuples. Ce sont joyaux de bonne prise et troupeau butins de l'ambition. Tous moyens sont bons ; c'est à consterner la civilisation. — La tradition, la liberté et le progrès sont tour à tour invoqués et trahis.

Les *Débats*, ce souteneur de la politique équilibriste de Louis-Philippe, sous l'uniforme de la garde nationale; d'autres journaux, ces prôneurs du droit sacré des peuples, égarés par une fausse théorie, excuseront cet abus de la force. Qu'ils fassent bon marché du droit divin, c'est-à-dire de la morale de

Dieu, répudiée à cause du mot, on le comprend de leur part. Mais abandonner le droit populaire, c'est-à-dire la manifestation de la volonté nationale, libre sans pression, par l'organe du suffrage universel, cette panacée démocratique qui doit remédier et suffire à tout, voilà qui ne laisse plus de place que pour le scepticisme! Quelle félonie, quelle impiété à l'égard de leur principe! Telle est la fosse commune où l'esprit de conservation et celui de la vraie liberté sombrent à la fois. Mais peut-on avoir trop d'arrogance et d'injustice quand on a tant d'ambition, quand la suprématie germanique rêve hier, réalité, aujourd'hui en est devenue la proie?

Le coup d'État contre la diète a été suivi d'une guerre foudroyante, par sa rapidité, son énergie, ses résultats; ni les hommes d'État de l'Europe, ni les autorités militaires de la France, de l'Angleterre, de la Russie, ne prévoyaient cette série électrique de marches et de victoires. Les augures étaient pour l'Autriche. Mais celle-ci, frappée d'un coup mortel, ne peut plus disputer à la Prusse l'Allemagne; c'en est fait. La maison de Habsbourg constituera-t-elle un empire avec ses éléments hétérogènes en lutte, et sept millions d'Allemands attirés incessamment vers le nouvel empire? — C'est un problème. — Mais ce qui n'en est pas un, c'est que la force de l'Europe est changée par l'agrandissement d'une puissance dans laquelle les Anglais voient une barrière contre la France.

Comment, en face de M. Bismark, a-t-on pu se laisser prendre au leurre d'un libéralisme dont un parlement allemand est le masque ironique?

Issu du suffrage universel direct, ce sera beau! s'écrie à l'envi la cohorte des panégyristes. Voilà le sortilége des mots! mais le résultat n'est autre que le prussianisme de l'autocratie devant laquelle ce prétendu droit des masses reste une simple étiquette. Ces communautés indépendantes, où le régime constitutionnel avait ces brillants tournois parlementaires qui deviennent les indispensables exercices d'un pays libre, seront désormais à la merci du régime militaire et de la politique personnelle de la Prusse! Aussi, quand les troupes du roi Guillaume entraient dans les villes de l'annexion, les citoyens consternés gardaient un morne silence; ils manifestaient par là leur déplaisir, comprenant que c'en était fait de leurs beaux jours. En effet, commence pour eux une période oppressive, près de laquelle les petits griefs contre leurs gouvernements paternels, étaient des bagatelles; mais ils relèvent aujourd'hui de la force et de l'intimidation. Cette révolution qui avale leur autonomie, leur *self government*, on ne daignera pas même la faire sanctionner par un simulacre d'appel au peuple. On a un argument qui répond à tout :

sic volo, sic jubeo. Le droit brutal de la conquête, c'est là un beau sort, une bien respectable garantie pour les petits États. Le *Siècle*, l'*Opinion nationale*, l'*Avenir national*, les *Débats*, etc., etc., toute cette congrégation hétérogène, qui ont fait dans la presse une utile diversion à la politique de M. de Bismark, pourront, au jour de la triste vérité dévoilée, s'humilier devant les reproches de ceux abusés par leur langage; leur éclipse de mémoire leur ménage de fameuses surprises : mais, hélas ! le mal sera fait; ils auront embrigadé l'opinion dans une erreur doublement fatale à la liberté, comme à leur pays. Pour s'édifier sur leur méprise, il suffit de leur citer la joie que manifeste la presse anglaise, disant à l'envi que la nouvelle constitution germanique crée à l'empire français un antagonisme bien autrement redoutable que celui qui exista si longtemps, entre l'empire dont Vienne était la capitale et le royaume de Louis XIV.

Aussi, la *Revue britannique* fait-elle ironiquement observer que ces braves démocrates de Paris, qui s'alarmaient des sympathies autrichiennes de l'aristocratie anglaise, doivent se rassurer aujourd'hui.

En effet, Wighs et Torys font à cet égard un concert d'*Hosannah* aussi instructif que national. En voyant la facilité avec laquelle la France accepte la grandeur de la Prusse, ils en sont réduits à supposer des projets de revanche qui défraient l'imagination des politiques nouvellistes. Seulement, il n'y manquera plus que l'à-propos de facilités, sans lequel le génie le plus grand est réduit à abandonner ses plus glorieux rêves.

Les tendances, le caractère entreprenant de M. de Bismark, tour à tour ses pratiques d'arbitraire, ses faux semblants de libéralisme, ses formidables préparatifs militaires, tous ces signes mieux observés, auraient fait voir clairement l'orage qui se préparait en dépit des déclarations d'un amour platonique de la paix. Le but où courait l'ambitieux ministre se dissimulait à peine sous le masque de mensongères apparences, rappelant cette pensée d'un célèbre publiciste : « En politique, le prétexte mis en avant cache le but véritable. » Toutes ces mesures, notes, négociations, récriminations, ne manifestaient que trop l'imminence de la crise que provoquait cet habile manœuvrier, en face de la faiblesse des adversaires qu'il devait vaincre après les avoir abusés.

De l'inaction de la Confédération, opposant des notes à des plans militaires, sont venus ses périls et sa défaite.

Le rôle des hommes supérieurs se manifeste d'une manière sensible, souvent décisive dans la conduite des affaires humaines. Les choses sont la matière sur laquelle domine l'esprit. A celui-ci il appartient d'accélérer et de modifier le cours des événements.

Pour apprécier le grand changement accompli en Allemagne comme avant-propos des moyens qu'il va combiner et mettre en œuvre, il importait de faire connaître la nature morale et le caractère politique de celui qui vient d'ouvrir à l'histoire de l'Europe une nouvelle phase. Car il ne s'agit plus seulement des pays qu'il a englobés sous le sceptre et le protectorat des Hohenzollern, il s'agit de plus : cet agitateur, maintenant le mouleur colossal de cette puissante hégémonie prussienne, impose par cela même aux autres États, et à la France plus spécialement, une vigilance, une intuition du génie politique, des aménagements et de nouvelles combinaisons d'alliances, des armements militaires, une sorte de divination de l'avenir où tout est possible. Telles sont les conséquences de l'œuvre de cet homme. Ce qui suffisait largement avant elle à notre sécurité, aujourd'hui doit se transformer, s'accroître, se combiner dans d'autres formidables proportions. Ceci n'en dit-il pas assez sur la portée de ces agrandissements qui font ce malaise moral en France ? Ils commandent la réforme militaire, dont l'inévitable résultat sera une énorme augmentation du double impôt du sang et des dépenses publiques. Enfin, étions-nous, oui ou non, la première puissance militaire reconnue par l'Europe ? Qu'on lise aujourd'hui les journaux étrangers, on pourra juger de ce que ces transformations nous ont fait perdre dans la foi et le prestige qui s'attachaient à notre force.

Comment les cabinets et les peuples, encore sous l'impression de la hardiesse et de la promptitude du ministre prussien, peuvent-ils se défendre de l'influence qu'exerce la force sûre d'elle-même en faisant sortir de la victoire l'œuvre de l'homme d'État?

Génie de l'organisation de M. de Bismark.

Constituer l'Allemagne, faire un grand empire du Nord avec les annexions du Hanovre, de la Hesse, du duché de Nassau, de Francfort, des autres États jusqu'au Mein, y joindre le Schleswig et le Holstein, par lesquels la Prusse arrive à la mer.

Enfin, établir entre le nord et le midi ces liens qui sont comme les premiers anneaux de la réunion sous le même sceptre; tels sont l'œuvre accomplie et le plan en exécution (1).

C'est une main habile qui prend à sa convenance, et trace en même temps la route de l'avenir semée de piéges auxquels ces petites autonomies doivent successivement et fatalement s'accrocher.

Par une hypocrisie laquelle semble avoir dupé des journaux sérieux, et le peuple trop enclin à se payer de mots, pompeuses enseignes, qui remplacent pour lui les choses ; la Prusse a couvert du manteau de la liberté son instinct effréné de domination.

(1) Voir pièces justificatives, Déclaration du prince de Hohenlohe, etc.

— En l'an de grâce 1866, au sein des montagnes de publications élevant aux regards les statues sans cesse honorées de la liberté des peuples, du progrès, et de tant d'autres belles affirmations. — Ah, oui! sous le règne de l'héritier du grand Napoléon, un ministre s'est rencontré.—Comme s'il eût été jaloux de ces grands souvenirs du protecteur de l'ancienne confédération du Rhin, M. de Bismark appelé à diriger une puissance encore du deuxième ordre, même après Waterloo, a pu défier l'Europe, terrasser l'Allemagne. Sur la double ruine de l'Autriche et de la confédération, il a achevé l'abolition des traités de 1815, non pour nous en rédimer, en effacer les inconvénients à l'encontre de la France, mais pour agrandir la Prusse et en faire la concentration d'une force d'autant plus redoutable.

L'Europe ne s'y est pas trompée. Osons envisager la vérité, tenons un compte sérieux de cette distribution nouvelle. L'optimisme qui dit que c'est pour le mieux et applaudit, ne tarde pas à perdre son aplomb, et à conclure en pessimiste, quand il s'agit de remodeler les forces nationales, sur des bases telles que l'histoire militaire de notre pays n'offre pas la conception d'une organisation semblable.

Question du Danemark.

M. de Bismark prélude à ses grands desseins du remaniement de l'Allemagne par la querelle qu'il suscite au Danemark. La confédération, prise pour instrument après le coup réussi du rapt du Holstein, du Schleswig, se trouve exclue brutalement. L'Autriche aura bientôt le même sort et cédera la Saxe Lauembourg pour six millions, à peu près la somme, comme le dit M. Thiers, qu'un riche financier de nos jours consacre à sa villa. Un écrivain anonyme, par pure fiction saisissante, suppose que, si les hommes politiques avaient pu recevoir la confidence du démon Asmodée, il eût aussi révélé le monologue que le comte de Bismark se disait à lui-même.

« Pour que la Prusse devienne une puissance maritime, pour que son territoire et ses forces s'accroissent, il lui faut nécessairement dominer l'Allemagne. L'Autriche, notre rivale, ne le souffrira pas; il faut briser l'Autriche, et pour cela avoir, non-seulement des alliés, mais être encore sûr de la neutralité de la France et de la Russie, puissances frontières, qui ne verront pas avec satisfaction le changement d'un état de choses que, pour le bien-être et la prospérité que donne la paix, elles ont intérêt à conserver.

« J'ai bien là, sous la main, un allié tout prêt, qui ne demandera qu'à agir ; l'Italie peut-elle ne pas s'entendre avec moi qui veux affaiblir l'Autriche, son éternelle ennemie? L'armée de Victor-Emmanuel n'est peut-être pas encore bien solide, bien organisée? qu'importe, la haine la rendra vigoureuse; avec Garibaldi et les volontaires, elle pourra opérer une diversion puissante.

« La Russie est l'antique amie de la Prusse. Elle tient à nous par tant de liens de famille. Notre intérêt est le même à l'égard de la Pologne ; ne nous doit-elle pas d'ailleurs de la reconnaissance pour l'avoir soutenue durant la dernière insurrection? On dit souvent et avec raison à Paris, la Prusse russe... Cette épithète-là vaut bien quelque chose : nous pourrons nous entendre!...

« Quant à la France, ce sera plus difficile, c'est avec elle qu'il faut compter d'abord, d'autant que l'Italie ne se joindra pas à nous sans son congé.

« La France n'a pas envie de faire la guerre, néanmoins gardons-nous de toucher à son honneur où à ses intérêts. Il est vrai que nos projets ne froissent pas son honneur, mais pour ses intérêts la question est plus délicate.

« L'Empereur Napoléon a, dans sa lettre du 11 juin, parfaitement déclaré qu'il ne se mêlerait pas de nos affaires, si rien n'était changé à l'état actuel de l'Allemagne, si personne ne faisait de conquêtes... Précisément, je ne veux pas faire autre chose.

« L'horizon est sombre de ce côté. Il faudra faire des sacrifices. Les provinces du Rhin que nous avons prises assez méchamment à la France en 1815 lui tiennent toujours à cœur. Risquons peu pour gagner beaucoup. Rendons-lui les provinces du Rhin, ou plutôt promettons-les toujours comme prix de sa neutralité, qui vivra verra ce que nous ferons la guerre terminée.

« Les marchands de Londres peuvent crier après leur nouveau ministère, briser les grilles de leurs parcs ou s'occuper de leur câble transatlantique, je me soucie fort peu d'eux et de leur île, si je m'entends avec la France. »

Cette question du Schleswig-Holstein laissait entrevoir aux hommes clairvoyants les graves complications qu'elle ouvrait pour l'Europe. Le vieux lord Palmerston l'avait annoncé dans cette forme sarcastique qui lui était particulière. La nationalité allemande, la Vaterland que nous trouverons plus tard avec un but gigantesque revendiqué par la Prusse, s'élançait dans cet idéal, au mépris du vrai progrès, du libéralisme constitutionnel qui est un lien autre.

ment efficace du progrès et de la sécurité des peuples.

Un orateur, doué de cette clarté qui peint et fait saisir les côtés les plus complexes dans un rayonnement lumineux, a fait cet historique. Comme il a bien caractérisé cette manœuvre habile : se *dispenser d'être libéral en jouant le démocrate.*

Il n'y a rien de mieux à faire qu'à revenir à cette page de sa dernière et splendide improvisation au Corps législatif (1). On y apprend comment la Prusse, entraînant tout dans la surexcitation de l'esprit allemand (tant il est vrai que la passion mettra toujours en interdit la raison), a vu le nationalwereun, les petits États, et l'Autriche elle-même, faire assaut de zèle pour cette croisade de tant de forces accablant, sans pitié, le droit de l'héroïsme impuissant d'une faible nation. On sait comment l'Autriche, pour ne pas être jetée hors cet irrésistible mouvement, a fait sa soumission ; elle a eu la faiblesse de prêter son armée à cette exécution violente. L'expiation n'a pas tardé à venir pour elle et ses confédérés ; c'est la loi providentielle.

(1) Discours de M. Thiers, 3 mai 1866. Voir p.

Guerre contre l'Autriche et la Confédération.

Bientôt la scène va s'agrandir. La Prusse répondant à cet anathème qui retentit contre les traités de 1815, va faire écrouler ce qui en reste. Des récriminations imaginaires, des prétextes de commande, des protestations en faveur de la liberté allemande, de la part de celui qui l'avait comprimée en Prusse et l'avait poursuivie partout, vont servir d'introduction au drame sanglant des batailles. Sept cent mille soldats, armés de redoutables fusils à aiguille, sous des chefs savants dans la tactique, s'élancent à un signal donné. La diète, les petits États, l'Autriche, leur grand chef protecteur, sont simultanément décrétés de déchéance et attaqués. Une ligne d'opérations trop étendue, la lenteur des confédérés à se rattacher à une base commune d'opérations, le défaut d'une action d'ensemble et d'autorité dans le commandement, des fautes incroyables réduisent une magnifique armée à être vaincue. Voilà ce que quelques jours ont suffi pour accomplir !

Il n'était pas permis avec des forces aussi supérieures, avec autant d'alliés que tenait cette puissance à sa disposition, d'en annuler le concours, qui, s'il eût donné, était décisif. On ne saurait assez s'étonner du manque de concert dans les opérations, les communications de plusieurs armées qui, si elles eussent fait un mouvement simultané, auraient écrasé les troupes prussiennes toutes en même temps ; que de lenteur ! que de fautes énormes ! »

Ces paroles dites par le grand Frédéric, il y a un siècle, semblent s'appliquer aux événements dont nous étions les témoins émus et affligés.

Le système de temporisation suivi par le gouvernement de François-Joseph n'a pas été moins funeste dans les conseils que sur les champs de bataille. — Quand il a été bien convaincu de ce qui se tramait, il devait dans le principe, sans coup férir, céder la Vénétie afin de pouvoir réunir à son armée du Nord les 200,000 hommes détachés en Italie. Ajoutons-y 80,000 hommes à Francfort, 26,000 Hanovriens laissés à eux-mêmes, 125,000 Bavarois tenus inactifs, des contingents divers que le plan de Benedek ou l'hésitation de leurs chefs ont paralysés ou réduits à l'état de vains auxiliaires posthumes, ce qui est tout un.

Ah ! fut-il jamais une preuve plus déplorable de ce qu'amènent la lenteur et le défaut d'à-propos, ce magicien du succès, comme disait Voltaire ? On ne connaît pas encore toute la grandeur du mal qui s'est fait, et lorsqu'on saura toute la vérité et que ses conséquences apparaîtront en caractères d'évidence à l'horizon politique, sera-t-il temps d'y porter un remède? C'est le secret de Dieu...

Les faits néanmoins ont une éloquence démonstrative qui en dit plus que les plus réputés publicistes.

La Prusse formant un nouvel et plus redoutable empire d'Allemagne.

On ne saurait ni le contester ni le méconnaître, le résultat qui suit le triomphe de l'armée du roi Guillaume, c'est l'hégémonie de la Prusse saisissant l'Allemagne. — On parlait de la ligne du Mein comme limite; ce n'était qu'une illusion : on a marché depuis, et cet apparent programme, à peine admissible au début, a pris un développement qui confond les équilibristes et ceux mêmes qui cautionnaient la politique bismarkiste.

Vainement a-t-on espéré que la lettre de l'Empereur à M. Drouyn de Lhuis, posant une règle, et l'Autriche, arrêteraient l'essor fougueux et le char triomphal du *cocher de l'Europe*. M. Drouyn de Lhuis est mort à la tâche, ou plutôt il n'a pas voulu assister passif témoin de ce qu'il considérait comme un malheur : mais ce qui reste, c'est un très-redoutable empire aux portes de la France.

Il est facile de pressentir l'avenir en se rappelant ce qui eut lieu sous Napoléon Ier.

Tous les petits États successivement s'offriront au vainqueur. La Prusse sera assaillie de demandes d'annexion de la part des uns, d'alliances de la part des autres. Tantôt elles viendront directement et d'elles-mêmes; tantôt elles se laisseront remorquer et entraîner par des provocations que la politique de la Prusse, à l'instar de M. de Cavour, saura bien inspirer et faire agir. Déjà, nous avons vu des changements de ministère et des conversions de la part des gouvernements jadis menant l'opposition contre la Prusse. Il suffit de citer les dispositions ou changements à vue des cabinets de Munich, de Darmstadt (1), de Dresde, de Stuggard devant la neutralité absolue de la France, devenue plus explicite par son adhésion à la politique des groupes d'unité. Où sont les moyens de résistance pour les États que la clémence de M. de Bismark a daigné laisser à leur autonome isolement ?

La soi-disant confédération du Nord, proposée par la Prusse, n'était qu'un mensonge, une comédie, pour cacher le fond de son jeu. Les souverains qui y ont accédé (et il fallait bien subir cette pression, comme il faut se dépouiller devant l'injonction à laquelle ne peut se soustraire le voyageur pris à la gorge), sont pour quelque temps les vassaux de la Prusse. Après une rapide période transitoire, leurs

(1) Voir pièces justificatives, citation de la *Presse*.

pays deviendront, par la fatalité de leur situation, les provinces d'un empire compacte dont M. de Bismark poursuit l'organisation par l'irrésistible talisman des victoires, et l'habile organisation des résultats qui en sont sortis.

C'est pourquoi ce machiavélique, mais grand homme d'État, a eu soin d'ôter toute force vitale aux pays du midi de l'Allemagne.

Une domination de la Bavière sur les États limitrophes, est désormais impossible. Cet État, héraut d'armes de l'Autriche, s'unit à la nouvelle puissance.

La Prusse a mis la main sur la forteresse de Mayence — Elle appartient encore nominalement au grand-duc de Hesse; mais c'est la Prusse, seule, qui a droit de garnison. Elle n'y a jeté que 8,000 hommes; à tout moment, elle peut y en envoyer 25,000.

Mayence est sans contredit la place la plus importante. Qui a Mayence, a la clef du midi de l'Allemagne. Pour mieux apprécier la portée de l'œuvre de M. de Bismark, la grandeur du but qu'il poursuit, au sein de l'indifférence incompréhensible des uns, du terrorisme dont il a fait la cause de l'impuissance des autres, il faut savoir qu'aucun des petits États du midi ne veut de l'hégémonie de la Bavière. S'ils ne peuvent pas sauver leur indépendance, s'ils sont privés de l'appui de l'Autriche (c'est le cas), et, par suite, forcés de se soumettre à un État plus puissant qu'eux, ils préféreront tous se placer sous la direction d'une grande monarchie plutôt que d'être à la remorque d'un État voisin.

Dans cette question, une des plus graves que la politique ait rencontrées, on a descendu successivement tous les degrés de l'illusion; enfin, on s'est trouvé en face d'une œuvre impossible à arrêter dans son développement; l'heure propice de le faire ou d'obtenir une compensation qui en fût le correctif indispensable (la France le croyait et l'Empereur l'avait dit formellement), était passée. La situation se résume dans ce rapide mais émouvant tableau avec deux parties se déroulant à l'œil étonné; un empire du Nord compact; le midi de l'Allemagne, tel que les satellites mus par la force attractive d'une grande constellation, obligé de graviter vers cette puissance du Nord compacte, en attendant qu'il soit absorbé par lui. Ce privilége de la force correspond d'ailleurs au principe même des grandes unités, ouvrant la nouvelle ère de la politique et de la diplomatie française, aux termes de la circulaire de M. le marquis de la Valette. C'est un horizon nouveau qui s'ouvre pour la France et l'Europe. Cet important document est comme le portique qui conduit à une nouvelle distribution des peuples, à une révolution dans les traités comme dans le droit des gens. Il laisse entrevoir à l'homme d'État une série de faits nouveaux, l'obligeant de s'écrier : « C'en est fait de la vieille Europe ! »

Les États secondaires, les moyennes autonomies ont fait leur temps; il n'y a plus de place pour leur modeste et salutaire action modératrice, dans ce grand mouvement de concentration qui fait des faibles la proie inévitable des forts. Qui peut arrêter un torrent dans sa marche ? Au sein d'une telle révolution, mue par un principe gigantesque d'où doit sortir une nouvelle carte du monde, qui peut apercevoir le port et dire à la vague : Tu n'iras pas plus loin ? Demandez à Dieu de s'en charger, car aucun homme, aucun gouvernement n'ont cette faculté, ce pouvoir. Mais que disais-je? Dieu lui-même ne se l'est pas réservé; car il a laissé à la créature jetée ici-bas le libre arbitre, c'est-à-dire l'obligation de rechercher la vérité et de mettre les actes d'accord avec les principes.

M. Drouyn de Lhuys.

L'alliance austro-française, dont M. Drouyn de Lhuis (du moins on le croit, et les faits semblent le confirmer) était le partisan, aurait pu empêcher ce que l'opinion en France a considéré comme un désastre, l'agrandissement de la Prusse aux dépens de tout.

Si l'on interroge, indépendamment de la transformation géographique de l'Allemagne, l'état de l'opinion, on verra que ce qui était possible, lorsque M. Drouyn de Lhuis recommandait cette politique, l'alliance et le maintien de l'Autriche, n'est plus aujourd'hui qu'un rêve historique.

Conséquences que M. de Bismark fait sortir de la neutralité de la France.

En effet, une méfiance propagée par l'habile M. de Bismark dans toutes les parties de l'Allemagne (pour s'en convaincre, il suffit de lire les journaux allemands, encore mieux d'y voyager) les pousse aux bras des Prussiens. La victoire et la puissance sont aussi de redoutables embaucheurs.

Les idées d'unité allemande, d'intégrité de territoire sont plus fortes que les haines contre les infamies qui terrorisent pour le moment cette pauvre Allemagne.

M. de Bismark sait cela ; au début il a profité de l'entente avec la France pour faire une guerre heureuse. Il fallait être sur le théâtre pour voir avec quelle habileté il a tiré parti de cette croyance propagée pour paralyser, par la crainte, la confédération troublée sous cette menace, et tenir immobiles 250,000 hommes. Qu'est-ce qu'un homme pareil, ambitieux sans scrupule, comme on l'a vu, sacrifiant au but, la morale, les moyens, n'est pas capable de tenter au nom de l'unité de l'Allemagne? Ces pauvres bons Allemands seront dupés facilement par ce prestidigitateur dangereux, ils croiront à ses beaux et patriotiques programmes. C'est au moins pour l'avenir un terrible et infaillible moyen pour rallier sous la bannière prussienne ces peuples vaillants organisés militairement. Ainsi, les voici mus par la volonté discrétionnaire d'une Prusse très-forte, posant en face de nous la première puissance de l'Europe, par ce qu'elle possède directement, commande et retient de forces, là où elle laisse ces décisions royales ou grand-ducales.

Pour savoir si on doit applaudir ou déplorer un pareil établissement unitaire substitué à la division de l'Allemagne, il suffit de se rendre compte de ce qui se produit au grand jour de l'autre côté du Rhin.

Eh bien ! voyons la vérité ! Alors que le glaive de Sadowa n'avait pas frappé à mort l'esprit de pondération germanique, loi longtemps sacrée, M. Drouyn de Lhuis, assure-t-on, avait voulu prévenir la chute de ce qu'il regardait, après tous les hommes d'État et les divers gouvernements de la France, comme une des bases essentielles de l'équilibre et de l'organisation de l'Europe. C'est ce que M. Thiers, cet éminent esprit, formulait aux applaudissements du Corps législatif, à la veille des événements qui rendaient à la fois sa parole prophétique et frémissante sous l'empire du droit et l'inspiration du patriotisme.

Les journaux de l'autre côté du Rhin, les récits des voyageurs, les correspondances, tous s'accordent à signaler un redoublement d'audace dans les annexions par violence au mépris des droits, des conversions à la prussienne, par les emprisonnements, les séquestres, les contributions arbitraires. Il y aurait trop à citer parmi ces procédés plus révolutionnaires que royaux (1).

Les revendications de la France, au sujet du vote ou du consentement populaire à recueillir s'anéantissent devant l'affirmation du droit divin de la conquête. N'y a-t-il pas un abîme entre les deux principes? L'un, représenté par Louis-Napoléon, c'est l'investiture par les masses ; l'autre, par Guillaume, c'est le droit du glaive ; c'est la loi du plus fort.

Dès lors tombent les masques pris tour à tour. A quoi bon ce faux semblant des syndics de la couronne? Aussi n'a-t-on pas renouvelé cette dérision juridique qui, grâce à M. Thiers, a scandalisé la conscience publique appliquée à la prétendue propriété transmise à la Prusse, par la volonté et le fait du propriétaire légitime.

Nonobstant cette affirmation cynique, ces expédients burlesques exclusifs de toute illusion, organes

(1) Voir aux pièces justificatives, discours de M. Thiers, séance du Corps législatif du 3 mai 1866.

de la presse *démocratique mais non libérale*, vous étiez pour la Prusse dont le gouvernement nie en principe et en pratique ce que vous revendiquez? Ah! Comédie dont un prochain avenir apprendra le triste dénouement! Ah! Saturnales de la publicité qui, pour avoir abandonné les principes, l'expérience, cette sagesse des siècles, montrent les plus présomptueux, pris au traquenard de leur fausse habileté!

En vérité au lieu de votre bruit assourdissant, ne valait-il pas mieux vous mettre à la suite des vieux pilotes qui, comme M. Thiers, au sein des illusions savaient reconnaître la main sinistre de l'Avenir?

Envisageant les conséquences qui se dégagent pour tous les esprits sérieux de l'organisation nouvelle de l'Allemagne, on peut marquer les étapes et du but de M. de Bismarck et de la force des moyens mis en œuvre pour l'atteindre sûrement et avec promptitude.

Chaque jour de loisir et de répit qui lui est donné voit successivement tomber les barrières éparses qui se dressaient encore. — Le Wurtemberg et Bade font comme la Bavière et la Hesse. — Le prince de Hohenlohe, à en juger par ses paroles, semble plus un lieutenant de M. de Bismark qu'un ministre du roi Louis. Comment en serait-il autrement, quand les faibles, en regardant à l'horizon, n'y découvrent plus l'espoir d'un appui pour le droit, lorsque le langage des puissances qui s'étaient le plus prononcées, décourage la résistance qui s'appuyait sur le droit des traités? Alors on subit son sort, on s'enrôle même sous le drapeau triomphant. Ainsi ce Richelieu allemand, plus fort que le nôtre, se rapproche du terme de ses grands desseins. Avant que nous ayons pu organiser notre nouveau système militaire, il aura fait du chemin, l'aigle noir, dans ses assimilations. Traités, cessions des pouvoirs diplomatiques et militaires, viennent, comme sous une fascination de terreur ou de prudence, se jeter dans ses avides serres. Enfin, à la proportion numérique dans laquelle nous grossissons notre force, correspond naturellement celle existante de ses agrégats et alliés. On sait que remodelée d'après le système prussien, elle grossit encore les forces du colosse.

Ce qui nous occasionnera, comme toute importation étrangère à établir et à neutraliser, une grande levée d'hommes et d'argent, se rencontre naturellement sans effort, et pousse tout seul sur le sol natal de la Landwerth et du service obligatoire pour tous, avec une sève luxuriante et dans des proportions qui déborderont nos efforts. Voilà ce qui ressort de la statistique et aussi d'une revue si facile au voyageur.

Tous les pays allemands dont M. de Bismark semble respecter le titre honorifique d'une mensongère autonomie, il les étreint dans un filet d'étroites mailles par la triple chaîne de la direction diplomatique du commandement des troupes et d'une diète à sa discrétion. Tels sont les trois nœuds gordiens saillants qu'il commence par opposer à l'action française.

Il est facile de voir où doit aboutir désormais sans obstacle l'audacieux architecte du nouvel édifice germanique.

L'année 1866 ne sera pas tenue pour favorable et glorieuse pour la France. Tout a trompé nos desseins, nous a échappé, nous a fui. Les déclarations empreintes du plus noble esprit national se sont réduites à la circulaire de M. de la Valette. Nous allons en examiner la portée, l'influence qu'elle est appelée à exercer sur le cours des événements extérieurs.

On avait posé des bornes milliaires à des prétentions soupçonnées. — Qu'en reste-t-il? Des faits en contradiction avec ce qui avait été dit.

Aujourd'hui la France isolée est tenue de trouver en elle-même sa propre règle et ses moyens d'action exclusive.

Il y a absence d'alliances, quand l'incertitude, les défiances, le doute sont devenus tels que l'on s'épuise en projets, qu'aucun n'aboutit et qu'on n'a plus d'appui, d'alliés solidarisés dans vos desseins et résolus à les seconder. Le plus efficace lien pour la sanction des principes communs, est celui dont l'application s'engage sur des points déterminés pour lesquels on est d'accord à l'avance. Est-ce la situation qui nous est acquise dans ce grand travail de décomposition et d'organisation simultanées ? M. le marquis de Moustier, qui a remplacé M. Drouyn de Lhuys, dans une de ces discussions, comme les provoquait le régime parlementaire, en face de M. Thiers, pourrait-il faire entrevoir au pays l'aperçu sommaire de la carte diplomatique qu'il se propose d'appuyer et de faire prévaloir ? Est-il à l'aise dans l'esprit de la circulaire qui a précédé son entrée aux affaires sous l'autorité et la signature d'un collègue intérimaire ? *Les groupes d'unité* forment en effet un nouveau point de départ, et un but admis par la France désormais, comme jadis l'équilibre européen était considéré comme le dogme de l'indépendance de l'Europe et de la force nationale.

Or, il y a incompatibilité entre les deux systèmes, ce n'est pas du dernier qu'on peut dire : *Le mort saisit le vif.*

Tout à coup se déroule un horizon nouveau inconnu.

Question des groupes d'unité.

Mais nous nous trouvons devant la plus importante des transformations, qui, au sein des ruines de l'édifice de l'ancienne Europe, viennent poser sur la scène leur problème redoutable.

Il s'agit des unités qu'accepte la dernière manifestation de la politique française par la plume du marquis de la Valette (1). C'est en vertu de ce système que la Russie prétend depuis longtemps, dans une incessante propagande, qu'à elle revient la mission de réunir les Slaves et de les gouverner; qu'elle seule a conservé la tradition et le sentiment chrétien, — que l'Église orientale dont elle est le chef est appelée à dominer l'Église occidentale et à gouverner l'humanité; unissant la tiare des pontifes à la couronne des czars, elle s'intitule une mission providentielle dont le pansalvisme réuni au czarisme est la formule. Combinant la double action de l'unité de race et de l'idée religieuse, elle a trouvé le moyen

(1) Voir aux pièces justificatives.

d'associer les peuples à ses espérances dans une partie de l'empire ottoman.

A quelles conséquences effrayantes peut conduire ce principe des unités interprété dans le sens prussien, russe, américain? Qu'il y ait entre les peuples unis par le sang des liens qui facilitent, appellent les rapports, c'est une vérité dont la politique doit tenir compte. Mais que ceci ait pour corollaire leur réunion sous un même sceptre, autant vaudrait dire que, les divisions de l'Europe et du monde actuel étant d'imparfaites ébauches, tout peut servir de proie afin de poursuivre la formation de ces groupes d'unité sur l'assimilation des races.

Armé du droit international nouveau, le panslavisme n'aurait qu'à se recueillir. A l'aide d'une conjoncture favorable, il ferait de l'Orient annexé une formidable étape de sa marche gigantesque.

A cet égard, les masses sont tellement éveillées et en garde, qu'elles se sont émues des échanges de compliments entre la grande puissance du Nord et l'audacieuse république des États-Unis.

Il en est de même pour ce qui vient de s'accomplir en Pologne dans les derniers jours de l'année expirée. — Le slavisme dont s'autorise l'implacabilité de cette mesure rappelle les mots odieusement célèbres : « Périssent les colonies plutôt qu'un principe. » Là, ce principe c'est l'extermination. On sait les sympathies de la France pour ce peuple héroïque, qui, depuis le XVIIIe siècle où il fut dépecé, (sauf ce que les traités de 1815 lui avaient rendu et garanti), à la suite des malheurs connus vient d'y voir mettre le sceau par un coup accablant. On lui ravit les dernières consolations qui restent à une nation subjuguée.

Reste à savoir si l'homme sur lequel des politiques plus crédules et confiants que nous, comptaient pour seconder en Pologne le principe des nationalités, confessé en Allemagne, n'a pas fait un de ces défauts à lui si familiers? Apostat des doctrines exploitées par lui, une fois de plus à l'égard des *Français du Nord*, comme on appelle les compatriotes de Sobieski et de Poniatouski, se sera-t-il solidarisé dans les rigueurs?

Dans sa vague notion, dans son manque de formules saisissables, de principes positifs, revêtus d'organes sensibles, intelligibles réglant ses applications, le système des unités n'est autre chose que le droit de la force, et là où la force compte seule le droit s'évanouit.

Les peuples sont égaux devant Dieu, comme le sont les hommes. Les Saxons, Hanovriens, Hessois, Francfortois, ont les mêmes titres à l'indépendance, fruit du temps, reconnue par les traités, que la Prusse, l'Espagne, les 38 millions de Français. Tant qu'on n'admettra pas cet axiome dans la politique, comme on le laisse se formuler dans la condition du droit des gens, il faudra ne plus prononcer ce mot sacré, ou avouer qu'on ne s'en sert que pour tromper les simples, imposer aux timides et régler toute chose sur l'intérêt et le caprice des plus forts.

Que signifie cette prise de possession par contrainte, cette absorption arbitraire de ces royaumes, grands-duchés et de leur population sans même la formalité d'un vote exprimant ou figurant le consentement populaire? A quelles conséquences, perturbations, à quels vols à main armée on arrive, par la pratique impudente de ce régime du bon plaisir de l'arbitraire?

Les journaux favorables à la Prusse, en la voyant à l'œuvre, en ont pris souci au moins, sinon terreur. Le procédé pratiqué par elle, qu'est-ce autre chose que l'ambition s'étalant avec impudeur, reniant Dieu et méprisant l'humanité? Droit divin, droit populaire, vous devenez le macadam pavant la route de celui qui est assez fort pour frapper ou prendre, au gré de sa haine ou de sa cupidité!

Si les droits constitués ou les établissements reconus par les traités, sans l'intervention de la volonté nationale revendiquée vainement par l'Empereur Napoléon III, cessent d'être inviolables, il n'y a plus de droit public; il y a des forces qui restent organisées pour un but caché, pour des intérêts personnels mobiles au gré des appréciations et des circonstances diverses. La civilisation a perdu son flambeau. Le monde est une arène où la convoitise prend la place d'un principe de justice perceptible à tous : c'est un redoutable aléa où le victorieux de la veille peut tomber le foudroyé sous la ligue de la force oppressive du lendemain. En repoussant un tel système, on ne protége pas seulement le droit et l'humanité, on reste dans l'esprit des plus nobles traditions comme des plus généreuses aspirations de la France. Si on cesse d'être pour le droit et la justice distributive due à chacun, on ouvre un abîme, où, tôt ou tard, par l'expiation attachée aux erreurs, et par la logique implacable des faits, cette ironie de la Providence, l'égoïsme qui a oublié le précepte évangélique, celui qui s'est désintéressé de la cause du prochain, va s'engloutir lui-même. Oui, le peuple n'entend pas impunément les sophismes de la démoralisation qui ne compte qu'avec le sensualisme de l'heure fugitive, sans prendre souci de l'avenir à préserver ! Ces expédients du jour, infidèles à tout, se trouvent comme les épigraphes de révolutions. Les anathèmes contre les théories de Babeuf et de Marat, remontent jusques à ceux, qui, élevés au premier rang donnent à ces odieux attentats la scandaleuse sanction d'une noble origine. La même immoralité les pousse ; il n'y a que la différence de perspective ; c'est le *moi humain* du principe révolutionnaire trahissant sa mission, par la main du pouvoir héréditaire, conséquemment le crime tombe de plus haut. On dirait la dictature de l'esprit de la Convention en permanence. Des catacombes de 93, le vertige en serait-il monté jusqu'au trône et aux conseils du Roi qui place ces maximes et procédés lugubres sous l'étiquette du droit divin ?

Voilà où mène l'ambition, plaçant en elle sa propre loi, sa propre règle, son propre destin, pour emprunter une caractéristique pensée de Châteaubriand.

Ah ! oui, la vertu elle-même a besoin de règles et la politique pourrait les abolir ! Prétention impie, d'où peuvent s'élancer toutes les tempêtes et les malheurs, qui font chanceler peuples et souverains !

De ce qui vient d'être exposé, nous pouvons déduire : ce principe de nationalité est une pompeuse enseigne, mais il n'est pas tout ; il surexcite des passions, des espérances ; il se prête à des interprétations diverses, il court à des conséquences en désaccord avec ses prémisses.

Il rencontre au-devant de lui des mœurs, des intérêts, des courants, des lois, des considérations politiques formant cette chaîne sociale qu'on ne peut rompre, sans mettre tout en question. Pour emprunter la pensée de lord Palmerston, c'est une allumette mettant le feu aux poudres. A sa force pour détruire correspond-il une puissance pour fonder ? Nous ne le pensons pas. M. de Bismark, qui le revendiquait à l'égard du Danemark, dans le sens étroit, qui l'exploite en grand, au profit de la Prusse, sous le prétexte de la grande patrie allemande à réunir, qui serait bien homme à vouloir l'appliquer à l'Alsace et à la Lorraine, l'admettrait-il à l'égard du duché de Posen. La Russie slaviste, s'appuyant contre la Turquie sur les assimilations de race et de religion, y souscrirait-elle en faveur de la Pologne? — En ce moment la France, qui a pris sous sa protection ce parvenu du nouveau droit international, qui, s'il n'est pas destiné à une haute fortune, semble devoir faire ressentir au moins de grandes commotions ; la France qui le confesse partout, n'en fait-elle pas dans sa politique l'abandon par rapport aux candiotes qui combattent pour lui en ce moment? Même les instructions données à notre ambassadeur, près de la Sublime-Porte, ne contrastent-elles pas avec la reconnaissance de ce droit récent? N'est-il pas lui-même une arme à deux tranchants?

Ceci est de toute évidence ; il n'est donné à aucun homme d'État sérieux de répondre pertinemment à cette série de questions ouvertes par un mot pompeux ; au-dessous duquel il y a plus que le vide, il y a des abîmes, des armées, des trésors, des générations à dévorer. Telle est la vérité, nous défions qui que ce soit, dans une discussion sérieuse, orale ou écrite, de donner la monnaie satisfaisante, la justification du mot sonore qui n'est qu'une trompeuse enseigne.

Entre le panslavisme russe et le germanisme de M. de Bismark, il y a similitude. La doctrine de l'unité de race légitime tous les envahissements.

Dès lors tombe tout droit à l'extérieur et à l'intérieur par une corrélation inséparable. Il n'en resterait qu'un seul : celui du pouvoir illimité ; car si aucune société ne s'appartient à elle-même, si les traités reconnus ne constituent ni droit ni titre légitime pour l'autonomie libre des États, par une conséquence naturelle, le principe de propriété s'évanouit. Ce qui s'est pratiqué en Pologne, l'expropriation en masse par la Russie, et par le ministre prussien Haym, qui fit don à des compatriotes de domaines polonais évalués 80 millions ; nous avons vu naguère la Prusse vouloir renouveler indirectement ce système de spoliation envers la ville de Francfort, placée sous le séquestre de contributions exorbitantes ; nous le trouvons appliqué directement aux princes dépossédés, atteints dans leur domaine privé comme dans leur pouvoir public.

Confusion actuelle de l'Europe. — Situation de la France.

Depuis les traités de 1815, de grands changements se sont produits en Europe. Bien avant nous et avec une autre autorité, l'Empereur qui règne aujourd'hui en a fait le tableau saisissant. C'est pourquoi nous nous bornerons à dire que la France s'est agrandie sous la Restauration, et le gouvernement de juillet, d'Alger et de l'Algérie, sous l'empire actuel de Nice et de la Savoie. Mais la Russie n'a fait que s'élargir démesurément. L'Angleterre a consolidé le monopole de la navigation et des Indes, prenant tout ce qui se trouvait à sa convenance ; elle a complété son œuvre de dominatrice des mers, en substituant la prise de possession de la couronne, à la gestion commerciale de la Compagnie des Indes. La Prusse, on sait ce qu'elle s'est adjugé, et où s'arrêtera-t-elle? Quel ministre français pourrait sûrement à cette heure en tracer la limite?

Aujourd'hui la France, seul chevaleresque et sentimental champion, a maintenu une politique de désintéressement qui ressort plus remarquable au sein de cet esprit d'assimilation, qui est en train de tout changer en Europe.

Depuis longtemps la Prusse avait jeté un regard de convoitise sur certains États de la Confédération; depuis longtemps elle rêvait une prédominance absolue en Allemagne.

L'Autriche contrariait ses vues d'usurpation. Arrive M. de Bismark ; tous les ressorts d'une politique cauteleuse furent mis en jeu, et le public, avec une émotion qui recélait l'espérance pour les uns, l'inquiétude pour les autres, commenta le but de ses caresses à l'entrevue de Biarritz ; enfin une capacité, un esprit de suite, une audace, une activité incomparables rappelant le mot de Vico : « Aux rapides, l'empire, » ont amené le résultat foudroyant qui l'a fait maître de l'Allemagne. Mais veut-il, peut-il s'arrêter dans sa voie où l'entraînent l'ambition de compléter son œuvre, les facilités que lui offre l'Allemagne elle-même dans ses parties laissées à leur respective faiblesse. Enfin ce que le succès, ce talisman attractif doit mettre dans les mains de ce Machiavel en action, d'offres, de facilités, de combinaisons gigantesques, d'alliances ; tout semble se réunir pour le solliciter, l'armer, l'enorgueillir encore.

Une semblable situation pose pour l'avenir un problème redoutable qui tient en émoi l'intelligence et le patriotisme français. Ce n'est pas avec de brillantes dissertations qui ne sauraient ni dominer ni effacer les faits en les palliant, que l'on peut rasséréner l'opinion interrogeant les augures. — Que l'on s'explique. — M. Thiers, avec ce merveilleux esprit qui les renferme tous ; M. Berryer, avec l'éloquence de son patriotisme ; M. Favre, avec ses accents de tribun, faisant revivre l'éloquence de Démosthènes, ne manqueront pas à l'attente de la France attentive.

Ils élèveront sans nul doute la question à la hauteur des préoccupations publiques qui s'attachent à l'horizon de l'avenir. C'est au gouvernement, par l'organe de la parole officielle de M. Rouher, à présenter l'exposé concluant que demande la France du suffrage universel. Ah ! pour cela, un simple daguerréotype suffit : il s'appelle la vérité.

La France vous adjure dans ses sommités, comme du fond de l'atelier, de lui réfléchir vos desseins, sinon vos voies et moyens dont la mise en œuvre repose sur vous ! Nous sommes dans une de ces conjonctures qui a changé tout l'équilibre européen. Cet accroissement soudain, en force matérielle, devient plus grand encore en renom acquis, car c'est le cas de se rappeler cette observation de Pascal : « L'opinion fait tout. » Oui, en politique comme en affaires, quel poids elle ajoute à la force publique, au crédit privé ! On ne peut se dissimuler cette maxime qu'a développée M. de Bismark pour son pays. La réorganisation nouvelle militaire du nôtre substituée au régime qui longtemps, dans l'opinion de l'Europe, nous assurait la prépondérance politique et militaire, ne témoigne-t-elle pas à l'encontre de toutes les illusions semées, *ad opus causæ*, de l'immensité d'un changement qui exige de tels efforts et précautions? Une pareille conclusion de l'admission du système des unités est loin des prémices qui l'inauguraient. Depuis lors, de nouveaux symptômes, des rumeurs si l'on veut, de l'alliance de la Prusse avec la Russie ont provoqué la sollicitude nationale : M. de Moustier qui semble être préposé à faire, par l'entente avec la Prusse, ce que M. Drouyn de Lhuis se proposait d'effectuer avec l'Autriche, réussira-t-il?

L'alliance avec la Prusse, le public l'interprète ainsi du moins, ce serait le refoulement de la Russie d'où ressortiraient (et c'est là qu'est, selon nous, une illusion qu'une revue rétrospective va dissiper) des conséquences favorables pour le rappel de la nationalité polonaise. C'est en tout cas un grand échiquier où des intérêts opposés, des principes qui s'excluent, des refontes géographiques de distributions de territoires et de peuples, s'engageraient sur une échelle immense.

Le monde regarde et la France attend dans une patriotique émotion.

A travers le labyrinthe de la diplomatie, de ses

marches et contre-marches, de ses négociations si complexes, il est difficile à la masse de saisir le fil d'Ariane qui laisse reconnaître la route pour en sortir.

Changement qu'apporte la fin de la guerre de Crimée. — Les annexions de la Savoie. — La question polonaise.

La guerre de Crimée avait uni les drapeaux et l'action des deux grandes puissances occidentales. D'autres ont expliqué pourquoi elle était restée une date au lieu de marquer une époque. Arrêtée au moment décisif après la prise de la tour Malakoff et l'occupation de la partie non militaire de la ville de Sébastopol, cette expédition lointaine n'avait pas frappé un de ces résultats historiques d'où ressort une nouvelle phase.

Politiquement parlant, la Russie vaincue voyait son empereur mourir, mais n'était humiliée ni par une rançon, ni par un amoindrissement territorial. Elle gardait ses desseins ; en se recueillant, elle restait dans sa force pour l'avenir.

Lord Palmerston, qui avait engagé son pays dans cette guerre, n'était pas satisfait de cette cessation subite d'un fracas retentissant où les armes anglaises étaient restées pâles. La politique dont il était le représentant, n'avait point atteint le but que lui dérobait le retrait de la France, par le chemin d'une paix qui dérangeait les calculs du cabinet de Saint-James.

L'Angleterre ne tarda pas à faire succéder aux hurrahs de l'alliance, les murmures de la plainte. Elle maintenait, à Bésika, sa flotte et allait chercher à réparer diplomatiquement l'échec de ce brusque dénoûment qui laissait l'œuvre inachevée. Cette puissance opiniâtre dans ses vues, suivant la démonstration de M. de Saint-Marc Girardin, dans la *Revue des deux Mondes*, devait habilement plus tard s'approprier, à Constantinople, les avantages d'une situation prépondérante en se substituant au malade. Au début, elle avait décliné la généreuse proposition de l'empereur Napoléon jaloux d'inscrire la Pologne dans le programme des alliés.

Cette noble pensée en faveur de ce peuple éprouvé et qui a prodigué tant de sang pour la France, se reproduisait sans nul doute, en 1857, à l'entrevue de Stuttgard, à la sortie de laquelle Alexandre II disait avec amertume : « On a osé me parler Pologne. »

Bientôt, par cette pente des choses qui entraîne la volonté humaine loin de son point de départ et hors du lit qu'elle s'est tracé, nonobstant une alliance signée entre la France, l'Angleterre et l'Autriche, pour sauvegarder le traité du 30 mai imposé à la

Russie, celle-ci trouvera plutôt un soutien qu'un obstacle dans le plénipotentiaire français. Aux Conférences de 1856, 1859, on vit presque constamment la France du côté de la Russie appuyée d'ordinaire par la Prusse. Alors se déroule une série de notes, de négociations, de faits qu'il n'entre pas dans notre cadre de retracer, mais ils conduisent à des revirements dans la politique et les procédés des divers cabinets.

Lorsqu'à la suite de la guerre d'Italie, qui permit à l'Empereur de faire à Victor-Emmanuel ce magnifique cadeau des provinces lombardes, il s'en détacha pour nous la compensation d'une frontière Alpestre, le fiel déborba. Lord Palmerston, le *Times*, ne nous épargnèrent pas ; ni la concession faite à l'Angleterre protestante à l'égard du Saint-Siége, ni le traité de commerce ne purent empêcher lord Russell de déclarer que son pays ne devait pas se séparer des autres nations de l'Europe, qu'il devait être prêt à agir avec les divers États, s'il voulait n'avoir pas à redouter telle annexion, et demain entendre parler de telle autre. — Cette épitaphe de l'alliance ne devait pas être sans écho. La barrière qui contenait des ambitions, des combinaisons, tombait de nouveau ; tout devait se précipiter à travers cette issue. Les hommes avisés pouvaient entrevoir les grands événements qui se préparaient.

Les sympathies apparentes ne devaient pas manquer aux Polonais de la part de l'aristocratie anglaise. Mais avoir un concours effectif, jamais ! Lord Palmerston commence par rappeler les illusions qui, au sein du premier Empire, faisaient croire à la Pologne qu'un rayon de soleil allait venir à son aide, mais qu'il ne convenait pas à la politique de la France de rétablir la Pologne ; il ajoutait que ce n'était pas l'Angleterre qui lutterait.

Lord Napier, ambassadeur, celui-là même qu'on désigne comme le remplaçant à Paris de lord Cowley, disait à Saint-Pétersbourg, avec un sans-façon regrettable, « que les affaires polonaises l'ennuyaient. »

Le même écrivait en 1862 : « Il serait insensé, il serait infiniment contraire à nos intérêts de restaurer une Pologne et de contribuer en cela à l'affaiblissement de la Russie. »

Peu de temps après, lord Derby déclarait qu'il serait du devoir de l'Angleterre de ramener les Polonais sous la domination russe, si jamais ils s'affranchissaient par leurs propres forces. — Ce n'est pas l'affaire du gouvernement anglais, disait de son côté lord John Russel, le 9 janvier 1863, « d'ériger un royaume de Pologne sur son ancienne base, ce n'est pas à nous de restaurer un grand État polonais, ni de proposer cette combinaison à l'acceptation des puissances. » Cette unanimité de la part des deux grands partis, qui tour à tour gouvernent nos voisins, laisse-t-elle l'accès à un espoir, pour la plus aveugle illusion ?

Pendant que l'Angleterre faisait l'étalage de beaux sentiments et poussait la France à rompre avec le czar, elle désertait en fait la cause qu'elle proclamait juste en principe. — Ce qui pouvait ouvrir un péril pour la Prusse protestante, une alliance étroite entre la France et l'Autriche, était pour la Grande-Bretagne au-dessus du salut de la Pologne.

Enfin une foule d'autres motifs rivait l'Angleterre à tout ce qui pouvait survivre des traités de Vienne, par une neutralisation qui enserre l'action française.

L'Autriche, elle, ayant M. de Rechberg pour premier ministre, était disposée à nager dans les eaux de la France. Elle se trouvait inquiète de la propagande faite par le marquis de Vielopolski qui invitait ses compatriotes à former avec les Russes le grand empire slave et à reporter sur l'Autriche la vengeance d'une race opprimée, aigrie par les massacres de la Gallicie.

Plus tard, le gouvernement de François-Joseph, loin de sévir contre les insurgés, devait leur ouvrir toutes les issues, soit pour attaquer la Russie, soit pour lui échapper. Par sa mansuétude, il offrait le plus édifiant contraste avec l'implacable sévérité du roi Guillaume et de M. de Bismark.

La convention signée par cet homme d'État avec

la Russie, pour son entrée en scène, ne devait pas laisser à la France l'impassibilité imposée à son cœur pour la conservation d'une alliance, qui semblait ouvrir les plus grandes perspectives. — Le sentiment triomphait du calcul.

Mais sous les faux semblants les plus opposés et à travers une marche tortueuse, celui qui plus tard devait saisir les duchés de l'Elbe et englober l'Allemagne dans la Prusse, marche à son but caché, mais bien arrêté, de ne faire qu'un avec la Russie.

Bientôt M. Drouyn de Lhuis, interprète des émotions généreuses de la France, se trouve seul pour la sanction efficace à donner aux protestations. L'Angleterre et l'Autriche déclinent l'action collective : c'était abandonner la cause polonaise en lui faisant l'aumône d'une vaine sympathie.

La Russie et M. de Bismark avaient atteint leur but.

M. Drouyn de Lhuys avait pu d'autant mieux se flatter de la sincérité de l'Autriche que le fameux prince de Metternich lui-même avait mis en avant le projet du rétablissement de la Pologne, dans l'intérêt de l'équilibre européen. Bien des hommes considérables autrichiens voyaient dans une Pologne libre un coussin entre la vieille monarchie de Habsbourg et le redoutable empire des czars. — A ce moment décisif, l'Autriche avait besoin de l'ascendant d'une politique forte et habile pour être entraînée hors du cercle stérile des notes, à l'action. — Mais à ce gouvernement timide, ajourneur, la moindre hésitation dans l'emploi des voies et moyens effectifs devait faire prendre la résolution de la retraite. Dans de pareilles conjectures, brusquer le *en avant !* est une condition *sine qua non* de la fascination qui précède et prépare la victoire. Il était donné à M. de Bismark de s'en approprier le talisman dans la question danoise, comme dans celle plus grave de la diète germanique.—Aussi, au début de cette guerre, lorsque la force numérique des troupes semblait pronostiquer le succès de l'Autriche, un général espagnol avec lequel nous avons fait d'intéressantes excursions en Allemagne, Cabrera, durant la crise ne cessait de dire, lui qui avait fait une vérité de la maxime, *aux rapides la victoire :* « Les Autrichiens sont si lents, et par suite si malheureux, M. de Bismark est aussi actif que résolu : Gare à François-Joseph et au vieux Benedek ! Il semble que la tempête qui fond sur eux les prenne au dépourvu, ainsi que leurs alliés. Aucuns préparatifs, magasins, occupations de points stratégiques ne se laissent entrevoir, le commandement reste sans organisation, en face des Prussiens groupés, admirablement menés. Les chemins de fer dont on aurait dû s'assurer sont ouverts pour les amener plus vite au champ de bataille. Je crains pour l'Autriche, la justice est pour elle, la force et la prévoyance sont pour ses adversaires. » Le comte de Morella avait eu le coup d'œil du terrain et le pronostic des événements.

Et la France a-t-elle suivi dans cette grave conjoncture la tradition de Napoléon Ier qui ne laissait pas au temps paralyser ce qu'il avait résolu. A ce sujet, il nous revient, comme un à-propos, un aveu du père du prince Richard de Metternich, l'ambassadeur actuel : « Si on me proposait de rétablir la Pologne dans les 24 heures, j'y souscrirais immédiatement, mais j'aurais une peur terrible. » — Ah ! un loisir laissé aux incertains, c'est l'atrophie ; l'obstacle fait bien vite taire l'audace et la confiance par la voix de la prudence.

Question romaine, Pie IX.

La noble figure de Pie IX se détache au sein des attaques acharnées contre le trône divin sur lequel il est assis comme vicaire du Christ. Dans un travail qui met la Prusse en regard de l'Europe, il n'est pas permis de passer sous silence la question catholique. Confessée par rapport à la conservation du pouvoir temporel du Pape par l'épiscopat universel, elle n'a pu être défigurée que par ceux qui, suivant la belle remarque de saint Augustin, appliquent les vues de la terre et ses passions à ce qui est au-dessus de ce monde périssable. Est-ce qu'il appartient à ceux qui subordonnent tout aux vues de la terre d'appeler à leur barre les élus qui s'inspirent d'une mission toute divine. C'est la chair voulant anéantir l'esprit.

Otez l'indépendance de la papauté, cette clef de la voûte de l'édifice catholique, c'est le triomphe de l'impiété. La papauté, c'est l'esprit de Dieu circulant dans les veines du corps social pour y porter la paix, l'ordre, le sentiment des devoirs et le respect des droits de chacun. L'intérêt politique isolé d'elle, c'est le jeu de la force engageant le monde dans la violence et la servitude. Mais l'Église immortelle a pour vaincre, un invincible auxiliaire, le temps qui emporte dans son cercle mobile, tour à tour, les vains systèmes et leurs fauteurs ; elle reste immuable sur le trône de saint Pierre que l'usurpation, (cela s'est vu,) peut renverser. Mais, comme autrefois, comme toujours, la main de son divin fondateur, qui, du ciel s'étend sur la terre et domine les rois et peuples non moins que le courroux des flots, cette main saurait rétablir dans sa gloire bienfaisante le sceptre de saint Pierre, si jamais il était violé.

Mais la question religieuse sauvegardée nuit-elle à la force, aux destinées de l'Italie? Après l'unanimité des témoignages, des plus beaux génies et hommes d'État, après les écrits et discours, sans en excepter les hommages rendus par MM. Billaut et Rouher dans les belles discussions du Sénat et du Corps législatif : après tant d'enseignements ; en face, disons-nous, de tant d'autorités, se placer dans l'anathème de l'impiété mazzinienne démagogique ou de la nuance du faux libéralisme français acharné contre le clérical, n'est-ce pas le comble de l'aveuglement? Oui, le double délire des cœurs endurcis, et des esprits ayant perdu la route du droit et de la vraie liberté?

Pie IX, dans la question polonaise, s'est placé, au

nom de la foi et de la vérité éternelle, au-dessus de toutes les prudences ou lâches capitulations humaines avec la vérité et le droit : il a proclamé hautement dans des prières publiques ce peuple armé soldat de la civilisation et de la foi, il proteste devant Dieu et devant les hommes contre cette extermination de toute une race chrétienne au XIXe siècle.

Comme l'a dit l'illustre évêque d'Orléans, au sujet de Pie IX, s'il parle en Angleterre, en France, en Russie, un frémissement universel répond, comme si une grande voix venait d'éclater à la fois sur tous les sommets du monde. Non, non, pauvres ennemis, puissances d'un moment, quand vous auriez abattu le trône du pape, vous n'en auriez pas fini avec l'Église, ni avec le pape.

Question italienne et de l'unitarisme.

Lorsque la question italienne fut introduite par la fameuse brochure intitulée : *Napoléon III et l'Italie*, il ne pouvait y avoir de divergence que sur la forme de la constitution à donner à ce pays rendu à lui-même. Le système fédératif se produisait sous le patronage de la France, en respectant les droits acquis des diverses autonomies italiennes. — La guerre se dénoua par Magenta et Solférino, qui en finirent avec la domination tudesque, violence faite par la politique aux souvenirs, aux droits, aux aspirations de la mère latine de la civilisation moderne. La convention de Villafranca et le traité de Zurich affranchissaient l'Italie, sauf les provinces vénitiennes, mais dans le respect du droit fédéral, et non dans la réalisation de l'unitarisme. L'Angleterre voyait dans cette Italie, confédérée au nom des droits de chaque prince et des diverses autonomies italiennes (droits essentiellement liés à l'indépendance nationale), un champ où l'action du libérateur français devait trouver une infaillible et légitime prépondérance. Ce fut lord John Russel qui le premier se fit le parrain anglais de la pensée de M. de Cavour, consistant à faire une Italie unitaire. C'était un contrefort de la défiance excitée contre le sauveur à la frontière des Alpes, afin qu'elles ne fussent pas abaissées par le second empereur de la dynastie napoléonienne, comme les Pyrénées l'avaient été par Louis XIV. Cette force supplémentaire de la politique du grand roi avait été très-utile à la France contre les vues, les efforts du cabinet de Saint-James. L'encouragement du chef du *Foreign-Office*, se propage comme une traînée de poudre. M. de Cavour, sous une forme plus conciliante, non moins anglais que le fier baron Riscasoli, y puisa sa confiance et son audace. Ce qui semblait un embryon, se développa rapidement, au point de faire du Piémont le dominateur exclusif. Il inaugure ce système d'annexions, qui du midi devait se montrer et se pratiquer bientôt au nord de l'Europe. L'unité italienne devait enfanter l'unité germanique, qui ouvre la route à tant d'autres, unité scandinave, ibérique, slave, etc. — Et la France peut-elle s'isoler, se désintéresser dans ce mouvement torrentiel? Encore une fois, son histoire, son génie, sa mission, les principes du droit, les conditions de la vraie liberté, les habitudes sociales greffées sur les mœurs, les réductions si désirables pour les divers peuples, des dépenses publiques accrues par les grands États, leur luxe de fonctionarisme de représentation onéreuse, l'exagération des armées, les libertés locales et les ménagements individuels mieux assurés sous le système fédératif que sous l'impassibilité d'une centralisation implacable, les gages de la liberté, de l'intérêt du bien-être, la moralité du contrôle possible, là où le gouvernant n'échappe pas au regard par un horizon trop étendu, la paix que les petits États pour la sûreté doivent sauvegarder d'autant mieux, qu'ils ont tout à perdre dans les conflits de la force : tout se réunissait en faveur du fédéralisme italien et pour le maintien d'une confédération germanique.

M. de Cavour a produit M. de Bismark dont l'ambition a été encouragée par les succès de son devancier : il est des contagions dangereuses; telles sont celles des annexions réalisées par le Piémont.

L'esprit de la morale évangélique, ce code immortel, et l'honneur, cette religion de la terre, peuvent seuls servir d'égide à la faiblesse contre la force. Où ira l'Europe sous l'impulsion fatale de ce système nouveau d'unification pratiqué par les uns qui y bénéficient, accepté par les autres, ceux-là mêmes qui en semblent amoindris? Il laisse supposer des vues d'avenir et des combinaisons profondes se dérobant au vulgaire, *profanum vulgus*. Mais en attendant la révélation de l'habileté et du génie pour un nouvel aménagement d'alliances et de la distribution des forces, de manière à ce que la France maintienne sa préséance, qu'adviendra-t-il du repos et de la liberté?

La charte de 1814, cette inauguration du système représentatif par la main de la vieille royauté qui rajeunissait le progrès sous le diadème du droit séculaire des souvenirs, est-elle dépassée par les libertés de nos jours? Les agresseurs du dénigrement et les panégyristes à l'eau de rose, jetant leur encens au triomphateur du jour, pourraient-ils faire le bilan d'autrefois sans reconnaître la justice due à l'auteur de ce pacte libéral laissé loin derrière nous? Qu'on se rappelle ces grands jours de la tribune où le patriotisme et le talent rivalisaient. Puisque c'est la liberté qui est ancienne, comme disait madame de Staël en relevant les vieux titres, c'est plus sûr et plus salutaire que de courir, hallucinés par de fantastiques et bien dangereux programmes, après des abstractions dont l'auguste pontife, du haut du Vatican, joignant le *mens divinior* à la sagesse de l'expérience, signalait les dangereuses conséquences. Plaise à Dieu que le navire de la civilisation éclairé par ce phare qu'on appelle le droit, n'aille pas toucher les funestes écueils!

Des services inespérés, le salut, un cadeau tel que celui des provinces lombardes à la suite des victoires de Magenta et de Solférino, une grande tolérance à l'égard des interprétations contraires aux nôtres sur la convention du 15 septembre, tout semblait enchaîner la fidélité de la reconnaissance de l'Italie. — Mais ses liens récents avec la Prusse, l'esprit anglais de M. le baron Ricasoli, d'autres considérations ne permettent pas d'espérer pour la France aucun concours effectif dans des conjonctures qu'il faut savoir envisager.

M. Ratazzi, l'ancien chef du cabinet, est plus enclin vers l'alliance française. Non-seulement il n'est pas au pouvoir, mais y rentrât-il, resterait à savoir si les circonstances lui permettraient d'appliquer ses anciennes préférences.

L'Autriche.

L'intérêt de la France est que l'Autriche, sous la direction conciliante de M. de Beust, relie en un faisceau de forces, au centre de l'Europe, ses diverses races. L'entente semble s'être faite avec la Hongrie. — Nous saluons l'aurore des espérances qui s'attachent à l'accord avec la vaillante race magyare. — On peut attendre du temps la justice et le dédommagement d'une œuvre vraiment libérale et sociale. Que Dieu lui soit propice et couronne les généreux efforts du nouveau premier ministre et de son loyal jeune empereur mûri par le malheur, n'oubliant pas : *Que bien des vérités périssent parce qu'elles ne sont pas défendues, tandis que bien des erreurs font leur chemin, parce qu'elles sont énergiquement introduites, audacieusement soutenues.*

La liberté, le catholicisme, l'intérêt de la France, tout se réunit pour nous faire désirer que l'Autriche se constitue forte dans l'amour, la satisfaction, le bien-être des diverses races que réunit le sceptre des Habsbourg. Que les sept millions d'Allemands s'assimilent à elle et se solidarisent dans sa cause, au lieu de se laisser attirer par les séductions du parlement de la grande patrie ! Cette machine, aux mains de M. de Bismark, écrasera plus de libertés qu'elle n'en servira.

Mais cet homme d'État, qui a montré l'étendue de son génie, sait attendre des événements le fruit de ce qu'il sème et prépare.

Déjà de l'autre côté du Rhin, ses plus implacables adversaires entonnent les louanges du génie qu'ils avaient méconnu. Un seul doigt, donné par les peuples et les États à ce grand mécanicien de l'Allemagne, ils sont liés et pris dans son engrenage : le corps et l'âme y passeront. Puisque autour et près de la France, la plus grande position politique du Continent se forme et s'asseoit, notre rôle et la vigilance sont d'empêcher que les avantages conquis par les anciens margraves de Brandebourg, devenus si puissants, ne tournent pas à préjudice. Qui ne rivaliserait pour ce but de patriotisme, de sacrifices et de zèle actif? Le gouvernement trouvera chaque Français heureux de lui offrir ce qu'il en attend.

Dans le mouvement d'ambition surexcitée qui entraîne irrésistiblement la Prusse aujourd'hui, ce qui importe surtout à l'Autriche, c'est l'alliance avec la France. Ce besoin est si grand et correspond tellement à l'œuvre entreprise par M. de Beust, que le cabinet de Vienne a écarté l'amertume du souvenir de ses défaites en Italie, de son espoir déçu au sujet du traité de Zurich, pour contenir les ambitions de la Prusse; « car depuis la cession de la Vénétie aucune cause de rivalité n'existe plus entre ces deux grands empires. Leurs intérêts sont presque solidaires : de plus, l'Autriche comme la France doivent sincèrement vouloir le maintien temporel du Pape. » Profiter de l'à-propos n'est pas moins essentiel que de prendre une décision. Les alliances se gagnent ou se perdent suivant que la politique sait les enchaîner ou manque l'occasion propice : le moment est solennel. Le génie des hommes d'État a devant lui une vaste carrière; il y a des forces à unir, de mauvais desseins à prévenir. En pareille conjoncture, il faut plus attendre de soi que du temps qui, suivant Machiavel, « apporte le bien comme le mal; le mieux est de ne pas s'y fier ; » car, à défaut d'une entente entre les deux empereurs, François-Joseph sera réduit à subir la double influence de la Russie et de la Prusse.

Or, pour emprunter la pensée d'un homme d'État : « S'il faut à la France une Autriche forte et puissante, il faut de même aux intérêts de l'Autriche une France forte et puissante à l'Occident. L'alliance avec l'Autriche trouve dans les circonstances sa raison d'être. D'ailleurs, a-t-on la liberté du choix dès lors que la Prusse, sentant son audace grandir par l'absence des obstacles, est en train d'annexer, de dominer? Quand il s'est agi de rationnelles compensations pour nous, elle a fait la sourde oreille.

L'Angleterre ; sa politique orientale et occidentale.

De tous les hommes d'État de l'Angleterre, lord Palmerston est peut-être celui qui a fait de la conservation de l'empire ottoman un des points essentiels de la politique britannique. Nul plus que nous n'a rendu hommage à l'esprit de suite de ce gouvernement.

La guerre de Crimée, après le départ de nos armées, a laissé la prépondérance diplomatique de nos habiles alliés, dans ce divan où l'esprit de lord Stradford de Redchiffe semble survivre et planer pour ses successeurs ; mais, dans ces frémissements qui annoncent le réveil de l'élément chrétien, l'école politique de Londres, qui jadis repoussait les Grecs comme rivaux et héritiers du Turc tenu pour inviolable dans son oppression ; cette même école, aux mains de lord Stanley, semble aller à une autre manière de comprendre et de résoudre la question. — En un mot, depuis que l'Autriche est exclue de l'Allemagne, il semble à des hommes considérables que l'entente dite impossible, entre la Russie et l'Angleterre, ait découvert des points où puisse se faire et se poser l'accord. — Tout se lie dans ces transformations amenées souvent par des surprises qui changent les relais en poursuivant le même but. Notre marine lancée sur les lointains rivages du Mexique, va bientôt ramener nos phalanges héroïques vouées à ce rêve évanoui. En face de cette grande Prusse sentiront-elles au même dégré, qu'au départ, l'action mystérieuse de cet ascendant qui tenait le monde immobile sous notre regard, justifiant cette belle pensée de l'Empereur : Quand la France est satisfaite, le monde est tranquille. — Ce malaise général viendrait-il des émotions que notre pays confesse et que l'Europe observe et commente ?

La diplomatie, si longtemps régulateur suprême des intérêts égoïstes reconnus à l'encontre des principes, pourra-t-elle désormais maintenir ses révoltantes formules? Est-il besoin pour cela qu'elle écarte les sentiments d'humanité et les principes de nationalité servis par tout ce qui remue l'âme de la conscience publique? Dans ce soulèvement d'une race qui veut échapper à une oppression, à un joug qui la contaminent dans son essor, pourra-t-on, en face de la démocratie et de la religion, se donnant la main, empêcher la famille chrétienne de reprendre la place appartenant à la supériorité de l'esprit et du nombre sur l'oppression et l'ignorance? Ceci est la destruction de la Turquie. — La voie suivie par l'Angleterre se rattachait à un autre milieu et ordre de faits. Tout semble indiquer aujourd'hui que c'est par d'autres moyens qu'elle poursuivra son but et sa fortune orientale.

Après avoir indiqué les mobiles des puissances avec lesquelles il faut compter, nous compléterons cette revue en définissant le double but de l'Angleterre.

Sa politique extérieure a deux grands objectifs; ils restent un dogme immuable pour elle au sein des grandes transformations que le temps, les circonstances amènent dans les traités, les alliances, les circonscriptions nouvelles.

Aux États qui s'agrandissent, correspondent les affaiblissements et disparitions de ceux qui sont vaincus, ou des faibles qui sont sacrifiés. On sait qu'en Orient, préserver l'empire ottoman, ce fruit dégénéré de l'islamisme, et Constantinople avant tout, est une idée fixe, nous dirons plus, une nécessité de la politique anglaise et de la sûreté de son vaste empire des Indes. C'est son intérêt capital, le *to be or not to be* de sa domination orientale.

A l'Occident, l'objectif de la politique de la Grande-Bretagne, c'est que la France surtout ne vienne pas alarmer la vieille défiance britannique par une prépondérance trop grande au dehors, moins encore par l'accroissement de sa puissance territoriale aux dépens de la Belgique, cette sœur de l'Angleterre, comme le proclamaient naguère à l'envi lord Derby et M. Gladstone.

Ainsi, au résumé, il s'agit pour le cabinet de Londres, observateur attentif de l'Orient et de l'Occident, servi par une diplomatie forte par elle-même, et la distinction de ses agents, de brider la Russie dans son essor oriental, rêvé par Pierre le Grand, et vainement poursuivi par Nicolas qui est mort à la peine ; il s'agit, sur un autre point du panorama du monde, de réfréner la double action diplomatique et territoriale de la France, aspirant à ses anciennes frontières.

Sous l'apparence d'une entente cordiale comme dans les vues opposées de la diplomatie, dans les combinaisons différentes et les tournois à armes courtoises, s'engageant, soit dans les conférences, soit dans les congrès entre les hommes d'État des deux pays, cette pensée, cette préoccupation, ne cessent d'être présentes aux chefs de la politique anglaise. C'est ce qui faisait dire à M. de Lamartine dans un discours qu'il prononça sous Louis-Philippe à une séance où se trouvait lord Palmerston : « L'Angleterre vous regarde. De loin ou de près, elle vous regarde en effet : elle observe, écoute, combine, fait ou change ses alliances, modifie, renouvelle ses moyens d'action pour un objet invariable. » — Que ce soit Canning en face de Châteaubriand, lord Aberdeen en face de M. Guizot, lord Palmerston en face de M. Thiers, lord Clarendon en face de M. Drouyn de Lhuis, ou lord Stanley en face de M. de Moustier, pour eux, à l'horizon, il est une étoile fixe montrant le but que ne délaisse jamais la diplomatie de la Grande-Bretagne.

Ni la confraternité d'armes de Navarin ou de la Crimée, ni les liaisons de cours, ni les traités de commerce, ni la suppression des distances par les chemins de fer, et la télégraphie qui s'empare des océans pour les rendre instruments dociles de la pensée et de ses communications aussi rapides que l'éclair, rien ne saurait lui faire oublier la question de l'ordre européen. — C'est inné et appris à la fois; la nature et l'éducation l'ont gravé dans le cœur de tout Anglais.

Le sentiment chez nos voisins ne prévaut jamais sur la raison d'État.

Lord Derby et son fils, lord Stanley, un de ces esprits éminents qui savent à fond l'Europe, qui ajoutent à la force du gouvernement, l'autorité des relations et d'une situation princière (il relève l'éclat de la fortune par la science politique) : ah! ces grands stratégistes, dans la situation donnée, devaient instinctivement et politiquement former cette alliance que la France doit surveiller et qu'elle ne saurait voir avec indifférence. Car, comme si c'était une végétation naturelle du temps, on y rencontre la triple attraction de l'affinité religieuse par le protestantisme : de l'union dynastique par le mariage du prince royal Frédéric avec une fille de la reine Victoria; de la concordance politique, par les circonstances, les traditions, le but de l'Angleterre sur des points communs, où la diplomatie de Saint-James saura trouver l'accord et poser la clef de voûte.

La règle de l'Angleterre dans la période politique qui vient de s'écouler sous lords Castereagh, Wellington, Aberdeen, Palmerston, Russell, reste-t-elle le dogme de l'avenir?

Le *Times* et des hommes considérables semblent envisager une autre perspective qui sauvegarde le but anglais par des moyens autres, et des combinaisons différentes.

La Prusse est appelée à jouer un grand rôle dans cette métempsychose. Déjà on a vu nos voisins prendre position sur l'isthme de Suez à Aden. Les événements les trouvent rarement au dépourvu, leur télescope sait les découvrir de loin; aussi choisissent-ils à l'avance les positions, afin d'en profiter. Le grand point pour l'Angleterre est moins que le Turc continue à camper à Constantinople, comme un garde-barrière contre la Russie, que de ne pas être barrée dans sa route des Indes, par l'occupation d'une puissance pouvant user de ce poste formidable. Otez cette crainte, ce danger, alors la cité commerciale et l'aristocratie vigilante souscriront à une combinaison qui substituerait l'Évangile au Coran. Cette éventualité est une simple question de temps que des symptômes signalent à toutes les préoccupations de la perspicacité britannique. Car, comme le disait lord Palmerston à lord Normamby : « Il y a deux choses qui sont condamnées à être mangées : les huîtres fraîches et l'empire turc. »

Reste à savoir qui le mangera !

Pour l'Angleterre, ce ne peut être ni la Russie, ni la France. La Prusse n'a-t-elle pas un poids énorme à jeter dans la balance, soit des alliances ou traités diplomatiques, soit celui de ses armes et de ses nombreux bataillons sur le champ de l'action ? Elle a inauguré une nouvelle phase dans la distribution des forces européennes : Voilà ce qu'il faut envisager avec d'autant plus d'attention, qu'elle a des liens anglais, russes, italiens. Elle commande la position sur des points divers d'une grande importance.

Mais des nouvelles qui ajoutent au passif de cette sinistre année de 1866, si mortelle au droit et à la liberté des peuples, constatent un dernier holocauste : *finis Poloniæ.*

Ah ! traités de Vienne, vous pouviez avoir des taches, mais vous posiez des règles, reconnaissiez des droits : ils se sont écroulés, et l'arbitraire, ce despote sans frein, abuse à son gré !

La Prusse qu'on espérait rallier à soutenir le principe de nationalité en faveur de la Pologne, autorise-t-elle cette espérance? Pour s'en flatter il faudrait oublier. Accoutumé à s'identifier avec la Russie dans toutes les questions européennes, le roi Guillaume laisserait-il M. de Bismark changer de marche? Celui-ci même y a-t-il jamais songé? Quels fonds d'espoir ou plutôt de crainte n'offre pas le souvenir? Le 24 septempre 1862, M. de Bismark rentre aux affaires étrangères durant l'insurrection de la Pologne russe ; aussitôt l'insistance d'en finir devient plus caractérisée : des notes de ce ministre forment un désespérant contraste avec les conseils de douceur, d'humanité des autres puissances et de l'Autriche en particulier.

Cet homme d'État, tour à tour insultait et prorogeait les chambres, en disant que ce n'était pas par les discours parlementaires et les votes des majorités, mais bien par le fer et le feu que se résoudront les grandes questions du temps. Celui-là même qui, dans les questions de Schleswig-Holstein, ne craignait pas de flatter les passions populaires qu'il réprimait ailleurs, montrait au vice-président de la Chambre, M. de Behrend, l'intention de procéder hardiment et d'occuper la Pologne pour le compte de la Prusse, de la germaniser en ce moment même : il proposait à la Russie un traité qui les solidarisât pour cette nouvelle exécution de la Pologne. Sans doute l'on a oublié la participation prise par M. de Bismark, que rien n'émut, ni les notes des puissances, ni le souvenir des garanties des traités de Vienne, ni l'horreur de livrer des vaincus à leurs bourreaux, sous le prétexte dérisoire qu'ils avaient été seulement expulsés pour la frontière de Prusse. — La résolution que vient de porter, à cet effet, l'empereur Alexandre, serait-elle une surprise pour M. de Bismark? Ce principe de nationalité invoqué par la Prusse, l'admettra-t-elle au profit des Polonais? Deux choses, deux faits, séparent la Prusse de la France, disait M. Thiers sous Louis-Philippe : l'occupation des provinces rhénanes et la Pologne. — Ah ! la barrière s'est démesurément agrandie.

Une brochure émanée, dit-on, d'un célèbre homme d'État allemand, intitulée : *les Alliances Austro-Françaises et Austro-Prusse-Russe*, aborde un sujet aussi délicat que difficile. Aussi bien, il ne saurait se dégager avec précision du sein de l'incertitude des volontés, des surprises humaines et du mystère de l'avenir ; néanmoins, l'auteur à la visière baissée parcourt la série des éventualités qui peuvent échoir. Nous n'en ferons pas l'analyse. Au surplus, dans un aussi vaste horizon, tant de souvenirs, d'aspirations, d'intérêts, de buts divers, peuvent se précipiter, se contrarier ou s'assimiler, déjouer les calculs de la plus parfaite habileté, substituer l'inattendu aux probabilités les mieux établies. — Il n'entre ni dans notre plan, ni dans notre rôle de soulever des voiles devant lesquels tremblerait la main officielle elle-même. A coup sûr, pour expliquer les hiéroglyphes de ce cabalistique avenir, la parole de M. Rouher, pouvant puiser à toutes les informations, se récuserait. Les plus avisés ne sauraient dire les limitations et transformations que feront les événements dans la nouvelle géographie politique ; au moins peuvent-ils expliquer comment sont venus ceux auxquels il faut faire face ! Elle a, en effet, reparu cette vieille tendance de l'Europe à isoler la France. On cherche à coaliser contre nous de vieilles défiances ; c'est en face de cette propension, de cette propagande que des publicistes et des hommes d'État viennent plaider, que les alliances ne doivent pas être l'objet des préoccupations et des recherches d'une grande nation comme la France.

Ainsi ce qui est l'objet constant des ministres de la Grande-Bretagne, devrait être secondaire pour la patrie de Louis XIV et de Napoléon. — « Tout arrive en France, » disait le cardinal de Retz : en effet, les mêmes écrivains, qui jadis glorifiaient les alliances aujourd'hui, semblent les tenir pour superflues. Qu'advient-il à l'opinion hallucinée par les points de vue, les systèmes les plus opposés? — Elle se gangrène dans l'indifférence ou s'irrite.

Un mot passé dans la langue politique anglaise, la consistance, devrait être d'une application non moins stricte que chez nos voisins. Tout y gagnerait; la considération en haut, la foi en bas. — Un pays ne saurait résister à ces contradictions qui font de la revendication bruyante de la veille la récusation honteuse du lendemain. L'opinion ne peut être une défroque à tourner, à retourner au vent des circonstances. Comme l'aiguille aimantée, elle doit donner aux pilotes de l'État le point fixe où la grandeur et le droit nationaux trouvait leur route et leur but.

Justice posthume envers le roi Louis-Philippe. — M. de Bismark, M. Havin et Voltaire.

Adversaire constant du gouvernement de juillet, que nous avons combattu dix-huit ans par nos votes, nos écrits, nous devons lui rendre une justice bien méritée. Quand Louis-Philippe envoyait à Anvers ses fils et une armée commandée par le maréchal Gérard, quand il occupait Ancône, en face de l'Autriche, il faisait brèche aux traités de 1815. — Mais c'était dans le sens français qui réclamait son droit de cité dans la politique européenne.

La Belgique (1), les États secondaires allemands recevaient par suite ces constitutions du régime parlementaire, auquel il faut toujours revenir dans les crises suprêmes. C'est le plus sûr moyen de solidariser les peuples dans le sacrifice, témoin ce qui se passe en Autriche, et les considérations sous lesquelles plusieurs journaux (2) envisagent les

(1) Elle aussi, la Suisse, les petits, les neutres, les grands États ; tous, saisis par cette fièvre d'armements, s'engagent dans ces excessives dépenses presque toujours prélude des conflits armés.

(2) La *France*, la *Liberté*, la *Presse*, le *Constitutionnel*, etc.

mesures du 19 février, rouvrant, suivant eux, l'ère libérale. Toujours est-il que le système représentatif de ces gouvernements nous assurait des auxiliaires, là où la Prusse compte aujourd'hui des soldats.

S'il est des déceptions qui frustrent tous les calculs et pronostics, il est des succès qui dépassent l'orgueil des plus audacieuses conceptions. Ah! Monsieur de Bismark, vous triomphez sur tous les points, et vous savez non-seulement profiter de la victoire, mais encore en faire surgir ce qu'elle ne pouvait vous donner!

L'Allemagne croit en vous! — Aucun homme d'État n'a encore accompli une œuvre pareille. — Encore tout ce qui se fût dressé comme obstacle même devant le grand Frédéric, contrarié par Louis XV quoique vaincu, semble une route aplanie et ouverte à la poursuite de votre triomphe!

La *Presse* calculait que 70 millions d'Allemands, sujets directs ou tributaires, formeraient la garde redoutable de votre Prusse. Ni sous la Restauration, ni sous les d'Orléans, aucun ministre n'a conçu ce que vous faites.

Cependant M. Havin et le *Siècle* osent ouvrir une souscription pour une statue nationale à Voltaire. On citait les témoignages qui montraient ce panégyritse du grand Frédéric, lui faisant litière de la défaite de la France.

Au moment où M. de Bismark nous ménage tant

de regrets et de sollicitude à la fois, vouloir associer la France dans un hommage en l'honneur de celui qui exalta l'épée et la politique du vainqueur de Rosbach est un hors-d'œuvre antinational. — Alcibiade, coupant la queue de son chien, était mieux avisé et il ne blessait ni le sens moral, ni le patriotisme des Athéniens. De grâce, Monsieur Havin, plus d'atticisme !

Qu'avons-nous à faire avec Voltaire au sein de vos méprises, dont chaque jour révèle mieux les funestes conséquences? Tout l'esprit de ce presdigitateur du style ironique surenchérissant le vôtre, servi à votre peuple de lecteurs abusés, ne saurait déguiser la triste vérité! Qui moins que vous, après une pareille campagne, a le droit de se glorifier?

Conclusion.

Ce qui vient de s'accomplir en Allemagne par l'hégémonie prussienne a eu les encouragements de la prétendue presse libérale de la France renforcée par le concours du journal des *Débats*. Doit-on s'applaudir d'un pareil résultat? L'abstraction d'un parlement allemand tenu en bride par une centralisation militaire autocratique est-elle préférable aux libertés qui étaient l'apanage de ces divers États absorbés? Hélas! la pondération du pouvoir a eu le même sort que le principe de l'équilibre de l'Europe.

Les faibles une fois dépouillés, il ne reste que les colosses. — La Prusse, qui n'avait qu'une part proportionnelle dans l'ancienne organisation constituée par les traités de Vienne, est devenue le grand moteur germanique, sans conteste et sans obstacle.

Après un des plus grands esprits que la terre ait admirés, Cicéron, il faut répéter :

« Celui qui se souvient du passé sait l'avenir. »

Nous avons vu les plus fameux politiques s'attacher à un système qui portait en lui-même des résultats d'où dépendaient, à leurs yeux, la sûreté et la grandeur de leur pays. Mais ce qui est phénoménal, c'est l'adoption d'une utopie qui est pour l'avenir un sphinx redoutable, et qui dans le présent remet en problème la conquête et la moisson du génie de nos devanciers et du temps. Que M. de Bismark émette cette monnaie des groupes pour les crédules ou ses victimes, c'est un langage qui est dans son rôle.

En est-il de même pour d'autres? Tout ce qui n'est pas pris par la Prusse directement, lui est subordonné, est attelé à son char par la nature des choses, la suprématie de la force, la logique et l'attrâction irrésistible de l'esprit allemand, désormais à la direction de Berlin.

Sur cette table rase de la Confédération évanouie à Francfort, rien ne peut faire échec, contrepoids à l'unité qu'a provoquée, que réalisera la Prusse dans toutes ses conséquences. Ceux qui n'ont pas vu de prime abord ce que cette situation impose à la sollicitude de la France, ce qu'elle recèle de combinaisons, d'éventualités sérieuses, ont oublié les leçons de l'expérience.

Au point de vue de la France, cette absorption est funeste, car l'équilibre est rompu sans qu'un équivalent lui échoit à elle qui naguère, en fait et en droit, tenait le premier rang de la suprématie militaire et politique.

Au point de vue du droit des gens, ce palladium des faibles, c'est-à-dire des États moyens et des petits, cette absorption, suivant les paroles du comte de Ségur, « a l'inconvénient mille fois déplorable de substituer le droit de convenance au droit véritable, et par cette injustice d'ouvrir la porte à la violation de tous les droits et de toutes les propriétés. »

Ce même écrivain raconte que sous Louis XVI, ayant pour ministre l'imprévoyant Maurepas si fatal à la monarchie, l'Autriche s'efforça d'engager la France à opposer une digue à l'accroissement de la Russie. Vainement l'empereur Joseph redoubla ses instances et annonça le péril que préparait la gigantesque grandeur du colosse. L'amour du repos l'emporta. Il en résulta que l'Autriche ne se trouvant plus en état de lutter seule contre la Russie, changea de système et resserra ses liens avec le cabinet de Saint-Pétersbourg; ce qui nous fit perdre beaucoup de notre prépondérance en Allemagne, et l'influence que nous étions habitués à exercer sur les puissances du deuxième et du troisième ordre qui, jusque-là, avaient compté sur notre protection.

Est-ce qu'un pareil souvenir ne se présente pas naturellement à l'esprit dans la conjoncture présente?

La politique de M. Drouyn de Lhuis, ce ministre familiarisé avec les secrets diplomatiques, ne s'en inspirait-elle pas dans le conseil qu'il donnait de faire avec l'Autriche, le rempart contre la redoutable grandeur de la Prusse et les alliances qui peuvent s'y greffer? Devant cet immense agrandissement de la Prusse, qui peut prendre le change ou tenter de le donner à la France et à l'Europe ?

Comment en dissimuler la portée et les embarras dans des éventualités que la politique doit prévoir, si elle n'est pas la fatalité ? Les considérations avec lesquelles on cherche à rasséréner la fierté et prévoyance de patriotisme, ne sont que des palliatifs qui ne sauraient tenir lieu de la vérité et des principes des alliances. Qu'est-ce que cette rhétorique qui s'immobilise dans l'image de la France compacte et suffisamment forte de ses 38 millions d'habitants? Ce raisonnement perd tout son poids devant les forces nouvelles que la Prusse a gagnées subitement par ses annexions et les protectorats qu'elle exerce. C'est la prise de possession des forces virtuelles de l'Allemagne se concentrant dans la même main. Chaque jour le constate, M. de Bismark ne perd pas de temps pour faire une vérité prussienne du programme de l'assimilation des branches de la famille germanique. Voilà le groupe de l'unité mis en pratique à nos portes, pendant que la Russie s'assimile les Polonais ! — Quel est l'Anglais, homme d'État, qui au temps de la grande monarchie napoléonienne, eût osé impudemment soutenir que les royaumes auxquels Napoléon Ier laissait leur autonomie apparente sous son protectorat, ne rompaient pas l'équilibre à son profit? Ce que le bon sens anglais eût pris pour un humbug, le bon sens français le prendrait-il pour un chef-d'œuvre qu'il faille célébrer au Capitole? Cette antithèse d'un simple rapprochement n'a pas besoin de commentaire.

Nous avons vu, écouté, recueilli. — Cet examen, nous l'avons fait, non d'après la fausse optique des théories de la circonstance, qui se prêtent à tout, mais d'après la vérité des situations et l'ensemble des forces, des intérêts qui sont venus se concentrer pour agir sous la main habile de M. de Bismark. — Il sait dévider les écheveaux de la politique ou les embrouiller. — Il a montré l'unité, la profondeur des vues servies par l'activité d'un génie sombre, mais puissant. C'est donc consciencieusement convaincu et éclairé que nous nous sommes cru obligé de daguerréotyper ce tableau pour montrer au présent ses complications, à l'avenir ses périls.

PIÈCES JUSTIFICATIVES

Lettre de S. M. l'Empereur au ministre des affaires étrangères.

« Palais des Tuileries, 11 juin 1866.

« Monsieur le ministre, au moment où semblent s'évanouir les espérances de paix que la réunion de la conférence nous avait fait concevoir, il est essentiel d'expliquer par une circulaire aux agents diplomatiques à l'étranger les idées que mon Gouvernement se proposait d'apporter dans les conseils de l'Europe et la conduite qu'il compte tenir en présence des événements qui se préparent.

« Cette communication placera notre politique dans son véritable jour.

« Si la conférence avait eu lieu, votre langage, vous le savez, devait être explicite ; vous deviez déclarer, en mon nom, que *je repoussais toute idée d'agrandissement territorial tant que l'équilibre européen ne serait pas rompu. En effet, nous ne pourrions songer à l'extension de nos frontières que si la carte d'Europe venait à être modifiée au profit exclusif d'une grande puissance, et si les provinces limitrophes demandaient, par des vœux librement exprimés, leur annexion à la France.*

« En dehors de ces circonstances, je crois plus digne de notre pays de préférer à des acquisitions de territoire le précieux avantage de vivre en bonne intelligence avec nos voisins, en respectant leur indépendance et leur nationalité.

« Animé de ces sentiments et n'ayant en vue que le maintien de la paix, j'avais fait appel à l'Angleterre et à la Russie pour adresser ensemble aux parties intéressées des paroles de conciliation.

« L'accord établi entre les puissances neutres restera à lui seul un gage de sécurité pour l'Europe. Elles avaient montré leur haute impartialité en prenant la résolution de restreindre la discussion de la conférence aux questions pendantes. Pour les résoudre, je croyais qu'il fallait les aborder franchement, les dégager du voile diplomatique qui les couvrait, et prendre en sérieuse considération les vœux légitimes des souverains et des peuples.

« Le conflit qui s'est élevé a trois causes :

« La situation géographique de la Prusse mal délimitée ;

« Le vœu de l'Allemagne demandant une reconstitution politique plus conforme à ses besoins généraux ;

« La nécessité pour l'Italie d'assurer son indépendance nationale.

« Les puissances neutres ne pouvaient vouloir s'immiscer dans les affaires intérieures des pays étrangers ; néanmoins les cours qui ont participé aux actes constitutifs de la Confédération germanique avaient le droit d'examiner si les changements réclamés n'étaient pas de nature à compromettre l'ordre établi en Europe.

« Nous aurions, en ce qui nous concerne, désiré pour *les États secondaires de la Confédération une union plus intime, une organisation plus puissante, un rôle plus important; pour la Prusse, plus d'homogénéité et de force dans le Nord; pour l'Autriche, le maintien de sa grande position en Allemagne. Nous aurions voulu en outre que, moyennant une compensation équitable, l'Autriche pût céder la Vénétie à l'Italie;* car si, de concert avec la Prusse, et sans se préoccuper du traité de 1852, elle a fait au Danemark une guerre au nom de la nationalité allemande, il me paraissait juste qu'elle reconnût en Italie le même principe en complétant l'indépendance de la Péninsule.

« Telles sont les idées que, dans l'intérêt du repos de l'Europe, nous aurions essayé de faire prévaloir. Aujourd'hui il est à craindre que le sort des armes seul en décide.

« En face de ces éventualités, quelle est l'attitude qui convient à la France? Devons-nous manifester notre déplaisir parce que l'Allemagne trouve les traités de 1815 impuissants à satisfaire ses tendances nationales et à maintenir sa tranquillité?

« Dans la lutte qui est sur le point d'éclater, nous n'avons que deux intérêts : la conservation de l'équilibre européen, et le maintien de l'œuvre que nous avons contribué à édifier en Italie. Mais, pour sauvegarder ces deux intérêts, la force morale de la France ne suffit-elle pas? Pour que sa parole soit écoutée, sera-t-elle obligée de tirer l'épée? Je ne le pense pas. Si, malgré nos efforts, les espérances de paix ne se réalisent pas, nous sommes néanmoins assurés, par les déclarations des cours engagées dans le conflit, que, quels que soient les résultats de la guerre, *aucune des questions qui nous touchent ne sera résolue sans l'assentiment de la France*. Restons donc dans une neutralité attentive, et, forts de notre désintéressement, animés du désir sincère de voir les peuples de l'Europe oublier leurs querelles et s'unir dans un but de civilisation, de liberté et de progrès, demeurons confiants dans notre droit et calmes dans notre force.

« Sur ce, Monsieur le ministre, je prie Dieu qu'il vous ait en sa sainte garde.

« NAPOLEON. »

Le journal l'*Europe*, de Francfort, où nous nous trouvions, fit un grand article qui se résumait ainsi :

« Mais s'il faut absolument préciser ce qui est difficile, même à saisir, nous ajouterons, en faisant toutes les réserves possibles, que c'est un sujet qui nous paraît très-digne d'occuper les esprits sérieux, de chercher à savoir pourquoi l'empereur des Français, non sans dessein apparemment, a mis au premier plan de ses pensées et de ses préoccupations, cette extension de frontières et ce remaniement de la carte de l'Europe que l'on voit dans sa lettre. Là-dessus le champ est ouvert aux conjectures. De quel côté les frontières françaises seront-elles modifiées, dans le cas dont parle l'empereur Napoléon, c'est-à-dire si l'équilibre européen venait à être rompu au profit exclusif d'une grande puissance; dans quelle mesure cette modification aurait-elle lieu? C'est ce que nous ne savons pas et n'avons nulle prétention d'apprendre à nos lecteurs.

« Mais ce que nous pouvons dire, c'est que l'empereur des Français a bien montré cette fois que cette extension de frontières ou plutôt, pour employer l'expression de sa lettre, *la conservation de l'équilibre européen*, lui importe autant que la considération de l'œuvre qu'il a entreprise, en affranchissant l'Italie. Et comme il est fort à présumer que, la guerre déclarée, l'équilibre européen ne tardera à être rompu d'une manière quelconque, la question à se poser aujourd'hui est la suivante : De quel côté la France poursuivra-t-elle sa rectification de frontières? Sera-ce sur le Rhin? ou sera-ce du côté de la Belgique? »

Voici en quels termes la *Presse* de Vienne résumait la première impression qu'elle a retirée de la lecture de la lettre de Napoléon III à M. Drouyn de Lhuis :

« Napoléon espère que la France pourra n'être pas entraînée à prendre part à la guerre ; il veut néanmoins que l'équilibre européen et l'indépendance de l'Italie soient sauvegardés.

« Cela est d'autant moins rassurant que l'Empereur plaide en même temps assez à découvert pour l'arrondissement homogène de la Prusse et pour les prétentions de l'Italie.

« La convoitise de provinces frontières perce également d'une façon non équivoque.

« Cette *neutralité attentive* de la France demeure un danger. »

Circulaire de M. le marquis de La Valette.

Paris, le 16 septembre.

« Monsieur, le gouvernement de l'Empereur ne saurait ajourner plus longtemps l'expression de son assentiment sur les événements qui s'accomplissent en Allemagne. M. de Moustier devant rester absent quelque temps encore, Sa Majesté m'a donné l'ordre d'exposer à ses agents diplomatiques les mobiles qui dirigent sa politique.

« La guerre qui a éclaté au centre et au sud de l'Europe a détruit la Confédération germanique et constitué définitivement la nationalité italienne. La Prusse, dont les limites ont été agrandies par la victoire, domine sur la rive droite du Mein. L'Autriche a perdu la Vénétie ; elle est séparée de l'Allemagne.

« Fn face de ces changements considérables, tous les États se recueillent dans le sentiment de leur responsabilité ; ils se demandent quelle est la portée de la paix récemment intervenue, quelle sera son influence sur l'ordre européen et sur la situation internationale de chaque puissance.

« L'opinion publique, en France, est émue. Elle flotte incertaine entre la joie de voir les traités de 1815 détruits et la crainte que la puissance de la Prusse ne prenne des proportions excessives, entre le désir du maintien de la paix et l'espérance d'obtenir, par la guerre, un agrandissement territorial. Elle applaudit à l'affranchissement complet de l'Italie, mais veut être rassurée contre les dangers qui pourraient menacer le Saint-Père.

« Les perplexités qui agitent les esprits et qui ont leur retentissement à l'étranger, imposent au Gouvernement l'obligation de dire nettement sa manière de voir.

« La France ne saurait avoir une politique équivoque. Si elle est atteinte dans ses intérêts et dans sa force par les changements importants qui se font en Allemagne, elle doit l'avouer franchement et prendre les mesures nécessaires pour garantir sa sécurité. Si elle ne perd rien aux transformations qui s'opèrent, elle doit le déclarer avec sincérité et résister aux appréhensions exagérées, aux appréciations ardentes qui, en excitant les jalousies internationales, voudraient l'entraîner hors de la route qu'elle doit suivre.

« Pour dissiper les incertitudes et fixer les convictions, il faut envisager dans leur ensemble le passé tel qu'il était, l'avenir tel qu'il se présente.

« Dans le passé, que voyons-nous? Après 1815, la Sainte-Alliance réunissait contre la France tous les peuples, depuis l'Oural jusqu'au Rhin. La Confédération germanique comprenait, avec la Prusse et l'Autriche, 80 millions d'habitants; elle s'étendait depuis le Luxembourg jusqu'à Trieste, depuis la Baltique jusqu'à Trente, et nous entourait d'une ceinture de fer, soutenue par cinq places fortes fédérales; notre position stratégique était enchaînée par les plus habiles combinaisons territoriales. La moindre difficulté que nous pouvions avoir avec la Hollande ou avec la Prusse sur la Moselle, avec l'Allemagne sur le Rhin, avec l'Autriche dans le Tyrol ou le Frioul, faisait se dresser contre nous toutes les forces réunies de la Confédération. L'Allemagne autrichienne, inexpugnable sur l'Adige, pouvait s'avancer, le moment venu, jusqu'aux Alpes. L'Allemagne prussienne avait pour avant-garde sur le Rhin tous ces États secondaires, sans cesse agités par des désirs de transformation politique et disposés à considérer la France comme l'ennemie de leur existence et de leurs aspirations.

« Si on en excepte l'Espagne, nous n'avions aucune possibilité de contracter une alliance sur le continent. L'Italie était morcelée et impuissante, elle ne comptait pas comme nation. La Prusse n'était ni assez compacte, ni assez indépendante pour se détacher de ses traditions. L'Autriche était trop préoccupée de conserver ses possessions en Italie pour pouvoir s'entendre intimement avec nous.

« Sans doute, la paix longtemps maintenue a pu faire oublier les dangers de ces organisations territoriales et de ces alliances, car ils n'apparaissent formidables que lorque la guerre vient à éclater. Mais cette sécurité précaire, la France l'a parfois obtenue au prix de l'effacement de son rôle dans le monde. Il n'est pas contestable que, pendant plus de quarante années, elle a rencontré debout et contre elle la coalition des trois cours du Nord unies par le souvenir de défaites et de victoires communes, par des principes analogues de gouvernement, par des traités solennels et des sentiments de défiance envers notre action libérale et civilisatrice.

« Si, maintenant, nous examinons l'avenir de l'Europe transformée, quelle garantie présente-t-il à la France et à la paix du monde ? La coalition des trois cours du Nord est brisée. Le principe nouveau qui régit l'Europe est la liberté des alliances. Toutes les grandes puissances sont rendues les unes et les autres à la plénitude de leur indépendance, au développement régulier de leurs destinées.

« La Prusse agrandie, libre désormais de toute solidarité, assure l'indépendance de l'Allemagne. La France n'en doit prendre aucnn ombrage. Fière de son admirable unité, de sa nationalité indestructible, elle ne saurait combattre ou regretter l'œuvre d'assimilation qui vient de s'accomplir et subordonner à des sentiments jaloux les principes de nationalité qu'elle représente et professe à l'égard des peuples. Le sentiment national de l'Allemagne satisfait, ses inquiétudes se dissipent, ses inimitiés s'éteignent. En imitant la France, elle fait un pas qui la rapproche et non qui l'éloigne de nous.

« Au midi, l'Italie, dont la longue servitude n'avait pu éteindre le patriotisme, est mise en possession de tous ses éléments de grandeur nationale. Son existence modifie profondément les conditions politiques de l'Europe ; mais, malgré des susceptibilités irréfléchies ou des injustices passagères, ses idées, ses principes, ses intérêts la rapprochent de la nation qui a versé son sang pour l'aider à conquérir son indépendance.

« Les intérêts du trône pontifical sont assurés par la Convention du 15 septembre. Cette Convention sera loyalement exécutée. En retirant ses troupes de Rome, l'Empereur y laisse, comme garantie de sécurité pour le Saint-Père, la protection de la France.

« Dans la Baltique comme dans la Méditerranée surgissent des marines secondaires qui sont favorables à la liberté des mers.

« L'Autriche, dégagée de ses préoccupations italiennes et

germaniques, n'usant plus ses forces dans des rivalités stériles, mais les concentrant à l'est de l'Europe, représente encore une puissance de trente-cinq millions d'âmes qu'aucune hostilité, aucun intérêt ne sépare de la France.

« Par quelle singulière réaction du passé sur l'avenir l'opinion publique verrait-elle non des alliés, mais des ennemis de la France dans ces nations affranchies d'un passé qui nous fut hostile, appelées à une vie nouvelle, dirigées par des principes qui sont les nôtres, animées de ces sentiments de progrès qui forment le lien pacifique des sociétés modernes ?

« Une Europe plus fortement constituée, rendue plus homogène par des divisions territoriales plus précises, est une garantie pour la paix du continent, et n'est ni un péril ni un dommage pour notre nation. Celle-ci, avec l'Algérie, comptera bientôt plus de quarante millions d'habitants ; l'Allemagne, 37 millions, dont 29 dans la Confédération du Nord, et 8 dans la Confédération du Sud ; l'Autriche, 35 ; l'Italie, 26 ; l'Espagne, 18. Qu'y a-t-il dans cette distribution des forces européennes qui puisse nous inquiéter ?

« Une puissance irrésistible, faut-il le regretter ? pousse les peuples à se réunir en grande agglomération en faisant disparaître les États secondaires. Cette tendance naît du désir d'assurer aux intérêts généraux des garanties plus efficaces. Peut-être est-elle inspirée par une sorte de prévision providentielle des destinées du monde. Tandis que les anciennes populations du continent, dans leurs territoires restreints, ne s'accroissent qu'avec une certaine lenteur, la Russie et la république des États-Unis d'Amérique peuvent, avant un siècle, compter chacune cent millions d'hommes.

Quoique les progrès de ces deux grands empires ne soient pas pour nous un sujet d'inquiétude, et qu'au contraire nous applaudissions à leurs généreux efforts en faveur de races opprimées, il est de l'intérêt prévoyant des nations du centre européen de ne point rester morcelées en tant d'États divers sans force et sans esprit public.

« La politique doit s'élever au-dessus des préjugés étroits et mesquins d'un autre âge. L'Empereur ne croit pas que la grandeur d'un pays dépende de l'affaiblissement des peuples qui l'entourent, et ne voit de véritable équilibre que dans les vœux satisfaits des nations de l'Europe. En cela, il obéit à des convictions anciennes et aux traditions de sa race. Napoléon Ier avait prévu les changements qui s'opèrent aujourd'hui sur le continent européen. Il avait déposé les germes de nationalités nouvelles, dans la péninsule en créant le royaume d'Italie, en Allemagne en faisant disparaître deux cent cinquante-trois États indépendants.

« Si ces considérations sont justes et vraies, l'Empereur a eu raison d'accepter ce rôle de médiateur qui n'a pas été sans gloire, d'arrêter d'inutiles et douloureuses effusions de sang, de modérer le vainqueur par son intervention amicale, d'atténuer les conséquences des revers, de poursuivre, à travers tant d'obstacles, le rétablissement de la paix. Il aurait, au contraire, méconnu sa haute responsabilité si, violant la neutralité promise et proclamée, il s'était jeté à l'improviste dans les hasards d'une grande guerre, d'une de ces guerres qui réveillent les haines de races et dans lesquelles s'entrechoquent des nations entières. Quel eût été, en effet, le but de cette lutte engagée spontanément contre la Prusse, nécessairement contre l'Italie? Une conquête, un agrandissement territorial !... Mais le Gouvernement impérial a depuis longtemps appliqué ses principes en matière d'extension de territoire. Il comprend, il a compris les annexions commandées par une nécessité absolue, réunissant à la patrie des populations ayant les mêmes mœurs, le même esprit national que nous, et il a demandé au libre consentement de la Savoie et du comté de Nice le rétablissement de nos frontières naturelles. La France ne peut désirer que les agrandissements territoriaux qui n'altéreraient pas sa puissante cohésion ; mais elle doit toujours travailler à son agrandissement moral ou politique, en faisant servir son influence aux grands intérêts de la civilisation.

« Son rôle est de cimenter l'accord entre toutes les puissances qui veulent à la fois maintenir le principe d'autorité et favoriser le progrès. Cette alliance enlèvera à la révolution le prestige du patronage dont elle prétend couvrir la cause de la liberté des peuples, et conservera aux grands États éclairés la sage direction du mouvement démocratique qui se manifeste partout en Europe.

« Toutefois, il y a dans les émotions qui se sont emparée du pays un sentiment légitime qu'il faut reconnaître et préciser. Les résultats de la dernière guerre contiennent un enseignement grave et qui n'a rien coûté à l'honneur de nos armes ; ils nous indiquent la nécessité, pour la défense de notre territoire, de perfectionner sans délai notre organisation militaire. La nation ne manquera pas à ce devoir qui ne saurait être une menace pour personne ; elle a le juste orgueil de la valeur de ses armées ; ses susceptibilités éveillées par le souvenir de ses fastes militaires, par le nom et les actes du souverain qui la gouverne, ne sont que l'expression de sa volonté énergique de maintenir hors de toute atteinte son rang et son influence dans le monde.

« En résumé, du point de vue élevé où le Gouvernement impérial considère les destinées de l'Europe, l'horizon lui paraît dégagé d'éventualités menaçantes; des problèmes redoutables, qui devaient être résolus parce qu'on ne les supprime pas, pesaient sur les destinées des peuples; ils auraient pu s'imposer dans des temps plus difficiles; ils ont reçu leur solution naturelle sans de trop violentes secousses et sans le concours dangereux des passions révolutionnaires.

« Une paix qui reposera sur de pareilles bases sera une paix durable.

« Quant à la France, de quelque côté qu'elle porte ses regards, elle n'aperçoit rien qui puisse entraver sa marche ou troubler sa prospérité. Conservant avec toutes les puissances d'amicales relations, dirigée par une politique qui a pour signes de sa force la générosité et la modération, appuyée sur son imposante unité, avec son génie qui rayonne partout, avec ses trésors et son crédit qui fécondent l'Europe, avec ses forces militaires développées, entourée désormais de nations indépendantes, elle apparaît non moins grande, elle demeurera non moins respectée.

« Tel est le langage que vous devez tenir dans vos rapports avec le Gouvernement auprès duquel vous êtes accrédité.

« Agréez, etc.

« LA VALETTE. »

Discours de M. Thiers.

Quel est le principe politique auquel l'Europe s'est particulièrement attachée à toutes les époques?... Ici, je vous prie de vouloir bien m'écouter avec attention, car je touche à ce qu'il y a de plus délicat dans la politique européenne. (Parlez ! parlez !)

Je supplie les Allemands de considérer (et ils ne se plaindront pas des formes que j'emploie avec eux), je les supplie de considérer que le plus grand principe de la politique européenne est que l'Allemagne soit composée d'États indépendants, liés entre eux par un simple lien fédératif. Ce principe a été proclamé par toute l'Europe au congrès de Westphalie. C'était encore le principe adopté lorsque le grand Frédéric signa, à l'occasion de la succession de Bavière, la paix de Teschen, et que toutes les puissances de l'Europe y adhérèrent, toujours avec cette condition essentielle que l'Allemagne serait composée d'États indépendants.

En 1814, après que les longues guerres avec la France furent terminées, on quitta Paris sans avoir arrêté aucune autre condition que celles qui étaient relatives au tracé de nos frontières. Cependant on ne croyait pas pouvoir quitter Paris pour se rendre à Vienne, sans laisser en partant quelque garantie à une puissance qui avait été si grande, et qui, malgré ses défaites (l'avenir l'a prouvé depuis), restait encore la plus grande de toutes.

Quelle garantie laissa-t-on à la France en se rendant à

Vienne, après avoir signé le traité de Paris? J'en ai ici les termes, et voici la principale de ces garanties : « L'Allemagne sera composée d'États indépendants, unis par nn lien fédératif. » — On renouvelait là ce grand principe européen que l'Allemagne doit être composée d'États indépendants.

Depuis, lorsqu'on a rédigé l'acte fédéral et l'acte final lui-même, il s'est bien produit certaines prétentions qui auraient tendu à faire descendre les princes allemands à la condition de simples administrateurs civils de leurs États, à la condition de préfets en quelque sorte, n'ayant ni le droit de commander leurs armées, ni celui de se faire représenter par des ministres auprès des puissances étrangères. Le congrès de Vienne ne l'a pas entendu ainsi, et on a formellement maintenu le vieux principe européen, que l'Allemagne serait composée d'États indépendants.

Je le répète, je supplie les Allemands de ne pas oublier que c'est là un des principes du droit public européen. Oui, qu'ils désirent que la Diète soit composée de membres plus accessibles aux idées du temps, je le veux bien; qu'ils désirent qu'elle soit constituée avec plus d'unité, je le veux encore; mais qu'ils n'oublient pas qu'ils manqueraient à l'Europe, qu'ils manqueraient aux grands principes de l'équilibre européen, s'ils voulaient constituer l'Allemagne en un tout unique, qui absorberait tous les États particuliers, et ne leur laisserait pas une existence distincte et indépendante.

Voilà le droit, le vrai droit qui intéresse le monde entier.

J'essaye, vous le voyez, de me renfermer dans des termes qui puissent concilier tous les droits, toutes les prétentions; mais, vous le savez, il y a une puissance qui se sert des idées actuellement régnantes en Allemagne, qui veut s'en servir pour arriver à un résultat bien différent. Cela est tellement évident, tellement connu, que je ne crois, en le disant, manquer à aucune convenance. A mon âge, dans ma position, ayant représenté mon pays devant les cours étrangères, je serais désolé de manquer aux égards dus à une grande puissance ; mais enfin il me semble que ses desseins sont aujourd'hui bien évidents, et je ne la calomnie point en m'exprimant comme je le fais.

De divers côtés. Non ! non !

M. Thiers. Cette puissance, c'est la Prusse. Elle voudrait se servir des idées allemandes pour aboutir à un résultat qu'il est facile de voir, qui est connu, publié de toutes parts, et en cent façons. Si la prochaine guerre lui était heureuse, elle voudrait s'emparer, non pas de 20 millions d'Allemands, oh non ! elle en comple 14 millions, et pour arriver de 14 à 30, quelque fougueux qu'on soit, il faut mettre quelques relais sur la route. (Hilarité.)

Ce qui est certain, c'est que si la guerre, je le répète, lui est heureuse, elle s'emparera de quelques-uns des États allemands du Nord ; et ceux dont elle ne s'emparera pas, elle les placera dans une Diète qui sera sous son influence.

Voix nombreuses. C'est cela ! c'est cela !

M. Thiers. Elle aura donc une partie des Allemands sous son autorité directe, et l'autre sous son autorité indirecte ; et puis on admettra l'Autriche comme protégée dans ce nouvel ordre de choses.

Et alors, permettez-moi de vous le dire, s'accomplira un grand phénomène, vers lequel on tend depuis plus d'un siècle ; on verra refaire un nouvel empire germanique, cet empire de Charles-Quint qui résidait autrefois à Vienne, qui résiderait maintenant à Berlin, qui serait bien près de notre frontière, qui la presserait, la serrerait ; et, pour compléter l'analogie, cet empire de Charles-Quint, au lieu de s'appuyer, comme dans les XVe et XVIe siècles, sur l'Espagne, s'appuierait sur l'Italie ! (Mouvement marqué.)

Voilà, Messieurs, l'avenir que l'on réserve à la politique européenne et à la politique française en particulier ! Il n'était, du reste, que trop facile de le prévoir.

L'unité italienne (c'est là le reproche que je lui ai toujours adressé), l'unité italienne devait inévitablement conduire à l'unité allemande, telle que je l'indiquais tout à l'heure, avec les degrés que je lui assignais, commençant cette fois par la réunion directe d'un certain nombre d'Allemands, indirecte de tous les autres, sous la main de la Prusse. L'unité italienne et l'unité allemande devaient se donner la main par-dessus les Alpes, et vous voyez aujourd'hui la réalisation de ce phénomène que je vous annonçais comme infaillible il y a deux ans.

Voilà ce que vous avez devant vous ; voilà ce qui frappe tous les hommes éclairés ; voilà ce qui est pour tous un sujet de grandes et profondes inquiétudes.

Peut-il nous convenir, je vous le demande, de favoriser à quelque degré que ce soit une politique semblable ?

Plus tard M. Rouher, confiant dans les assurances du cabinet de Victor-Emmanuel, provoquait les applaudissements du Corps Législatif, en déclarant : que l'*Italie s'engageait à ne pas attaquer l'Autriche*. On sait ce qu'il en est advenu.

Monsieur le Rédacteur,

Je reçois de l'Allemagne, et en particulier d'amis échappés de Francfort, ville jadis heureuse, dont j'ai été l'hôte, les plus affligeantes nouvelles. Je ne veux pas en faire subir au public la triste revue. Il en a suffisamment appris par les journaux pour s'émouvoir des douleurs d'une cité où fleurissaient naguère la paix, la liberté, tous les avantages moraux et matériels. L'ordre de l'administration, la prospérité commerciale, l'aménité des habitants, sur la physionomie desquels se voyait la satisfaction de leur état, une instruction universelle, des établissements de bienfaisance, de vastes affaires qui en faisaient une des magasins d'argent de l'Europe, un crédit fondé sur la bonne foi et sur l'inviolabilité des droits de chacun, tel est le tableau qu'offrait la ville de Francfort-sur-Mein.

Le voyageur se laissait charmer ; le politique avait des renseignements de diverses sortes à recueillir ; il trouvait à Francfort des modèles à proposer sur plusieurs chapitres de l'économie politique, administrative et financière.

Mais ces biens ne sont plus qu'un rêve évanoui. Le Prussien est venu, l'arbitraire le plus odieux a scellé la loi ; la dictature de l'uniforme s'est substituée à l'esprit d'équité, au respect des lois, du travail et de la propriété.

Vit-on jamais un amalgame plus hétérogène du faux libéralisme de M. de Bismark déguisé sous l'enseigne de son parlement allemand, à faire surgir du suffrage universel? C'est la revendication du droit divin, c'est-à-dire d'une autorité sans limites, servie par les procédés révolutionnaires autocratiques. Quand on est venu là, c'est que les programmes, les systèmes sont des masques, des relais de la force, qui substituent la fantasmagorie aux garanties des lois divines et humaines, incarnées dans la conscience des peuples.

Certes, en présence des actes de forbans en uniforme, tels que M. de Manteuffel et ses compagnons, c'est un devoir pour celui qui est fidèle au souvenir que provoque le malheur de cette noble ville, de laisser échapper la flétrissure la plus accentuée contre des actes de brigandage, qui, s'ils pouvaient passer dans la pratique de la guerre moderne, anéantiraient la sécurité des limites des États, comme les bornes du domaine privé. Ce serait le caprice des convenances du plus fort substitué au droit éternel, qui protége chacun dans sa famille, sa propriété, sa liberté.

Si ce que chacun dit dans son cercle intime contre ces abominables audaces trouvait un écho, l'anathème, faisant explosion de tous les points et de toutes les consciences, non-seulement serait un frein au gouvernement qui a recours à d'aussi machiavéliques moyens, mais encore arrêterait, sur la pente de ces attentats à la société, les instruments féroces de ce terrorisme. Parce qu'on est général prussien, on n'est pas affranchi des règles et des devoirs communs. On n'est pas un Babeuf en action dépassant celui qui en était à la théorie, avec un ricanement féroce qui ne serait pas toléré par un homme de cœur devant lequel l'orgueilleux visir se trouverait sans l'aide de ses sbires. On ne doit pas lâchement jeter la menace à toute une population ; on ne doit pas se dresser en bourreau cynique d'une ville qui n'a pas même joué le dé des batailles ; on ne pose pas, au milieu d'un siècle où la philanthropie est invoquée à tout propos, sous un scandale à déshonorer un gouvernement, le nom d'un exécuteur qui peut parader sous ses épaulettes, mais ne saurait échapper à l'indignation de tout ce qui est fier. J'exprime la mienne, et je la confie à la presse, cette voix publique, pour qu'elle arrive sous une responsabilité qui ne veut pas se dissimuler et s'inscrit *coram populo*.

Outre les sentiments d'humanité, de religion, toutes les lois qu'un acte pareil outrage, il y a dans ce temps-ci une raison qui doit rallier dans une commune solidarité tous les intérêts également menacés par ce nouveau mode de s'approprier le bien d'autrui.

Dans l'état actuel du monde, avec la multiplicité des rapports liant les peuples à travers l'espace supprimé en quelque sorte par les chemins de fer, avec la télégraphie se jouant des frontières, des délimitations de la politique, à ce degré de la civilisation, une ville, et en *particulier* une métropole de la banque et du commerce, telle que Francfort, est tout à la fois dépositaire, créancière et débitrice dans une proportion incalculable. Son *doit* et *avoir* roule sur un chiffre immense. Y toucher sous un prétexte de forban, c'est violer un dépôt placé sous la garde de la foi publique, c'est atteindre Paris, Londres, le monde entier. C'est la plus flagrante violation de la propriété, du droit des gens ; c'est la brutalité avide, abolissant les principes sans lesquels il n'y a pas de droit, de gouvernement, de propriété. Avec les procédés de MM. de Bismark et Manteuffel, personne n'a aucun droit ; aucun titre ne vaut. Resterait au sein du naufrage commun le bras le plus fort pouvant frapper au gré de sa passion, et prendre au gré de sa cupidité.

Ainsi, la cause et le droit de tous sont foulés aux pieds par la Prusse. Les personnes, au point de vue chrétien de la fraternité, la propriété immobilière et mobilière, au point de vue de la vérité économique, de la sûreté des transactions et de la solvabilité des banques, sous aucun prétexte politique, encore moins quand on est réduit à les inviter faussement, ne sauraient être la proie d'une invasion soldatesque.

De provocation, il n'y en avait pas de la part de ce faible et paisible gouvernement réduit à une enceinte où habitait la modération dans la richesse. De résistance, il ne pouvait y en avoir; aussi n'y en a-t-il pas eu. C'est comme si un homme, fût-il Bayard ou Latour-d'Auvergne, provoquait un bataillon. Attaquerais-je, moi, M. de Manteuffel avec une épée au milieu d'un de ses bataillons de fusils à aiguille? Lui-même, ce fier homme, attaquerait-il celui qui tient cette plume, entouré de vaillants compagnons, de quelques zouaves français? Les personnages de cette sorte peuvent être braves et féroces simultanément : la bravoure est chose commune. Mais ce qu'il y a de certain, c'est qu'un homme de cœur n'aurait pas souci du général isolé de sa terrible escouade avec laquelle il insulte une honnête ville. Ce n'est pas dans cette conjecture qu'il pourrait à son gré faire abattre une tête fière : la sienne, dans un choc non inégal, aurait autant de chance d'être atteinte par une main ferme, à l'unisson d'un cœur qui ne se troublerait pas dans un tête-à-tête de cette sorte. Mais laissons cette vulgaire vérité sur laquelle il n'eût pas été besoin de revenir si, devant les adorateurs du fait inique triomphant, la victime ne devenait le coupable. Relevant d'une autre loi, et j'y mets mon orgueil, j'adresserai une question à la probité comme à la raison du monde.

Quelle maison pourrait garder les fruits de son travail, de ses facultés ; quel prêteur pourrait se flatter de conserver le gage de sa confiance, de sa fortune, soit qu'elle fût aux mains des banques privées, dont la maison Rothschild est la plus illustre et la plus sûre représentation, soit qu'elle reposât dans les caisses d'une banque d'État, comme celle de Francfort, si justement considérée?

C'est là, je le répète en terminant, une loi de mutuelle protection, qui importe aux nations comme aux particuliers. Les gouvernements qui les représentent n'ont jamais eu d'occasion plus opportune de revendiquer, aux applaudissements de tous les honnêtes gens, la garantie du droit social et des fortunes, dont la sûreté dépend de sa facile application. Quant à nous, en vertu de ce qu'il y a de plus sacré dans la conscience, unissons nos voix pour infliger le stigmate d'un anathème collectif à ces profanateurs du droit public! On ne saurait réagir par trop d'énergiques protestations contre ce cynisme de troupier, qui a forfait de la sorte aux lois immuables de la religion, comme à l'honneur, cette loi de la terre.

On n'a pas oublié, en Lorraine comme à Paris, les brutalités de 1815, à l'encontre de la modération pleine de bon goût de Wellington. Mais l'armée frémissante derrière la Loire et la France surprise, mais non vaincue, n'avait pas épuisé dans le sang de Waterloo cet esprit de fortitude qui, poussé au désespoir, eût anéanti Blücher et ses soldats.

Francfort, qui compte 70,000 âmes, est la ruche de l'ordre financier : au lieu d'hommes d'armes et de fusils à aiguille, elle a de probes citoyens et les conquêtes en or de la régularité d'habitudes financières.

Les colonnes militaires du grand Frédéric, qui ont laissé

un lugubre souvenir sur les théâtres de leur ruine, semblent être sortis de leurs cellules infernales pour s'abattre sur cette malheureuse et inoffensive ville.

Elle réalisait pourtant le beau idéal de M. Émile de Girardin : au lieu d'armée, elle avait des vertus et des richesses; elle était l'artisan glorieux de ses œuvres. C'était une démocratie modèle, modérée par la sagesse d'un Sénat où la liberté germanique, traquée par son flatteur d'aujourd'hui, venait prendre droit d'asile. M. de Bismark, si suspect par tant de précédents d'arbitraire, découvre de nouveaux horizons au *Nationalverein*. Mais, malheureusement, à Francfort comme à Berlin, il substitue au libéralisme constitutionnel des commissions militaires ou son bon plaisir. Si ce n'était qu'une comédie grotesque, mais c'est une tragédie! Allons, général Rœder, achevez l'œuvre de votre prédécesseur! Affamez cette ville parce qu'elle ne peut payer la rançon taxée par la rapacité de ceux qui l'ont saisie!

De pareils exploits, que peuvent-ils appeler sur leurs auteurs, si ce n'est le mépris et l'indignation? On ne saurait trop les faire retentir et les propager. Si le monde pouvait rester indifférent, c'est qu'il serait dégénéré dans la partie divine de l'âme évanouie, ne laissant derrière elle que l'impur limon. Mais non, le monde, la France, la civilisation, la conscience universelle ne peuvent se désintéresser et assister à cette exécution sauvage sans crier : Honte, mille fois honte à de pareils déprédateurs! Quel malheur de tomber sous le joug d'un pays où pareille énormité est jeu de princes et d'hommes osant, suivant la belle expression de Benjamin Constant, transformer les sublimes textes de l'Évangile en sophismes de la politique, en faisant des succès du crime la loi d'État et leur moyen de gouvernement.

Agréez, Monsieur, l'assurance de mes sentiments de haute considération.

Comte ALFRED DE LA GUÉRONNIÈRE.

Château de Touron (Haute-Vienne). — 1er août 1866.

La lettre précédente, interprète de l'opinion unanime en Allemagne et en Europe contre les procédés prussiens à l'égard d'une ville où l'importance des affaires se combine avec leur sûreté, a été reproduite à profusion. Elle a valu à celui qui l'a écrite les plus flatteurs témoignages, tant il est vrai que revendiquer le droit c'est réveiller la conscience universelle qui en sent le besoin social. — La maison Rothschild prise pour exemple est la plus haute expression du crédit financier. — Les gouvernements successivement ont tous eu à puiser dans ses magasins d'argent ; son papier est une monnaie sur toutes les places du monde. Depuis la date de cette lettre, le baron de Rothschild (de Francfort) a renoncé au titre de citoyen de cette ville libre. La maison vend les immeubles qu'elle possède dans la domination prussienne, annoncent les journaux. C'est la protestation de l'indépendance du caractère, appuyée sur la fortune. Ce sentiment qu'il est permis à M. de Rothschild de montrer visière levée correspond à la douleur témoignée naguère par les populations annexées sans leur consentement, lors de leur prise de possession par les Prussiens. — Les assimilations, les annexions ne menacent pas seulement les États, mais aussi les droits privés. Il se trouverait beaucoup de gens qui, en vertu de cette détestable doctrine, s'assimileraient partout des domaines à leur convenance, par un socialisme de rapine.

Dans un mauvais jour, Proudhon avait dit : La propriété c'est le vol. Prendre des États tout entiers, lever des contributions arbitraires, qu'est-ce donc ? De même que les Rœder et les Manteuffel, généraux prussiens, la révolution servant ces convoitises, que d'annexionistes *Babeufiens* s'empresseraient de s'annexer les millions dépecés des caisses Rothschild, de tous autres banquiers, des banques d'État ! Comme la civilisation, la liberté, la sécurité de l'ordre reposent sur le respect de la propriété, anathème sur tout ce qui y porte atteinte ! Les généraux, les individus doivent tenir pour dogme ce précepte de Dieu et de son Eglise :

« Bien d'autrui tu ne prendras, ni ne retiendras injustement. »

Que des tables de la loi ce principe salutaire descende dans la politique, et soit maintenu même contre le roi de Prusse et M. de Bismark !! (*Note de l'éditeur.*)

On lit dans la *Presse* du 27 janvier :

Le mouvement d'attraction qui entraîne vers la Prusse les petits États de l'Allemagne du Sud se poursuit et s'accélère. On a lu le programme du nouveau chef de ministère bavarois. Nous empruntons à la feuille officielle du grand-duché de Hesse-Darmstadt le passage suivant du rapport soumis à la Chambre des députés par la commission chargée d'examiner le traité de paix avec la Prusse :

Ce qui est nécessaire, c'est qu'on apprécie sans préjugé les changements opérés dans la situation politique par les derniers événements, et qu'on ait la ferme volonté d'agir conformément à cette situation. Le traité de paix a pour nous une double signification. Il en résulte que non-seulement l'ancienne forme de l'unité de l'Allemagne se trouve brisée, que l'Autriche est sortie du lien commun, et que le Sud de l'Allemagne est séparé du Nord; mais, par la réception des territoires hessois situés au nord du Mein seulement dans la Confédération du Nord, une ligne frontière a été tirée en travers du grand-duché.

Nos efforts les plus actifs doivent tendre à ce que cette frontière ne devienne pas une ligne de séparation durable. Mais ce but ne pourra être atteint que si nous faisons tout ce qui est possible pour maintenir les liens qui existent entre les territoires qui appartiennent à la Confédération et ceux qui en sont exclus en ce moment, et si nous nous opposons à tout ce qui pourrait rompre ces liens. Nous empêcherons ainsi la séparation entre le Nord et le Sud dans notre petite patrie, et créerons en même temps le point par lequel l'Allemagne du Sud et du Nord pourront se réunir.

Il résulte de là que l'union étroite avec la Prusse et la Confédération du Nord, afin de favoriser activement cette réunion et d'assurer l'intégrité de la patrie commune contre tout ennemi extérieur, la constitue à un double point de vue comme une nécessité indispensable, que doivent aussi reconnaître ceux qui ont tendu jusqu'ici à la rénovation nationale de l'Allemagne sous une autre forme. La commission a vu avec la plus grande satisfaction, par la proclamation du 17 septembre 1866 et par le discours d'ouverture de la présente session, que cette importante question se trouve d'accord avec la manière de voir de S. A. R. le grand-duc et du ministère grand-ducal.

Nous sommes dans la position heureuse de nous conformer aux vœux de Son Altesse Royale en contribuant, autant qu'il est en nous, tout en sauvegardant notre indépendance constitutionnelle dans les questions intérieures, à ce que la Confédération, qui n'embrasse actuellement que le Nord de l'Allemagne, arrive à s'étendre à toute la grande patrie.

Quelque pénible que soit, par conséquent, pour tous le sentiment du triste déchirement de l'Allemagne, nous avons la certitude que le prince et le peuple, dans notre pays, sont unanimes dans leurs efforts sérieux pour renouer aussi solidement que possible le lien national entre le Sud et le Nord de l'Allemagne, que les événements ont relâché. Nous avons l'espoir que le Nord de l'Allemagne viendra au-devant de nous, dans ce but, avec des sentiments conciliants, et contribuera, pour autant qu'il sera en lui, à une entente sincère.

Les défiances que doit inspirer la politique de M. Bismark, sont justifiées par les révélations de la *Gazette du Weser :*

Divers indices, écrit-on de Berlin à ce journal, prouvent que le gouvernement prussien fait en silence ses préparatifs pour ne pas être surpris par les éventualités guerrières que pourrait susciter la question orientale. On vient d'ordonner que les compagnies d'ouvriers des divers corps de troupes conserveront leur effectif supérieur au pied de paix jusqu'au 1er avril prochain, afin de remonter les magasins.

De même les fabriques d'armes continuent à déployer une grande activité pour armer, dans le plus bref délai possible, toute l'armée prussienne et l'armée de la Confédération du Nord de fusils à aiguille, et on pense en avoir fabriqué assez au commencement de mai prochain pour pouvoir en donner aussi aux régiments de la landwehr qui n'en avaient pas encore. On travaille beaucoup aussi à pourvoir toute l'artillerie de nouvelles pièces rayées de quatre, les pièces de six ne devant plus être employées qu'au service des forteresses.

Ce n'est pas en vue des complications qui peuvent naître de la question d'Orient que ces armements se font en Prusse et la Confédération du Nord. Il y aurait de la naïveté à le croir e On ne peut se faire aucune illusion à cet égard, et notre correspondant de Dresde a raison de craindre que la France ne se trouve bientôt en présence d'une Allemagne unie comprenant 70 milllions d'hommes.

(*Presse.*)

On lit dans le *Morning Post :*

« Nous ne pouvons approfondir la mystérieuse intelligence qui lui a procuré la neutralité de la France. — Dans ce grand duel, la Prusse était seule, et non-seulement elle a pu faire tête à l'Autriche, mais encore à l'Allemagne. Celle-ci appartient désormais à la Prusse qui y recueille le prix de sa brillante campagne. La faveur des armes s'est déclarée en sa faveur après une campagne de sept jours. Ce qui en juin était la cause de M. de Bismark est devenu depuis *la cause commune* de la Prusse et de l'Allemagne. Sous peu de temps les parties laissées à leur embarrassant isolement *solliciteront* leur réunion, car il n'y a aucun espoir pour l'Autriche, si ce n'est dans la plus étroite alliance avec l'Allemagne. »

Le *Times* n'est pas moins explicite. — Mais à quoi bon aller emprunter à la clairvoyance étrangère ce qui n'est pas moins démontré pour les gouvernements que pour l'opinion, les intentions que M. de Bismark ne daigne plus dissimiler. Il applique au profit de la Prusse ce qu'admet la circulaire de M. le marquis de la Valette. — Enfin Guillaume parle de la moisson à recueillir. — Un tel langage, au temps du parlementarisme, s'il fût tombé des lèvres royales, est-ce que la diplomatie interpellée, poussée au besoin par l'opinion, eût consenti à laisser une telle menace sibylline planer redoutable sur l'avenir ?

L'auteur de cette brochure se trouvant à Francfort se livra, en vue de l'enquête agricole qui devait s'ouvrir en France et à laquelle il a pris part à Limoges, à des recherches sur les impôts de la plupart des petits États allemands. Quelle différence non-seulement avec ceux de France qui tiennent, par leur nombre et leur tarif, la tête en Europe, mais encore mis en regard de ceux de la Prusse. Aucune demande d'argent, pour application à la guerre, depuis 1815 n'avait été faite par ces petits gouvernements aujourd'hui détruits ou condamnés. Chaque État fournissait son contingent à l'armée confédérée, mais en restant presque toujours en deçà de la limite fixée par le pacte fédéral. La plupart de ces souverains se distinguaient par la bienveillance, le facile abord, leur simplicité accessible à tous, l'amour des arts et la modération dans leurs dépenses. C'était de grands propriétaires exerçant un pouvoir en quelque sorte patriarcal. Leur absorption leur crée un nouveau régime où l'individualité prisée si haut dans les petites communautés est sacrifiée à la force de l'ensemble. La centralisation politique est à la liberté ce que l'autorité militaire sur les citoyens enrôlés sous le drapeau des camps est au service commode des gardes civiques.

Depuis le sceau apposé : *Finis coronat opus*, le *Moniteur* a annoncé la convocation du Sénat et du Corps législatif. La parole du souverain, qui retentira le 14 février, est vivement attendue par la France et l'Europe. Il n'appartient à personne d'anticiper sur ce texte solennel où l'opinion émue se flatte de trouver la lumière et sa voie. Mais l'Empereur sait bien (et là est sa force) que le patriotisme de la grande nation qu'il gouverne, aidé par les libertés qu'on parle de développer dans le sens des aspirations du pays, sera unanime. La modération qu'il a su garder dans la paix, deviendrait l'héroïsme que saint Louis, Henri IV, Louis XIV, Napoléon, vainqueur de l'Europe, ont toujours trouvé prêt à s'élancer à la victoire, cette noble et vieille compagne de notre drapeau.

25 janvier 1867.

PARIS. — IMPRIMERIE DE V. GOUPY, RUE GARANCIÈRE, 5.

www.ingramcontent.com/pod-product-compliance
Ingram Content Group UK Ltd.
Pitfield, Milton Keynes, MK11 3LW, UK
UKHW020234220726
13923UKWH00002B/639